Knaur.

Knaur.

Über den Autor:
Frank Fischer war Langzeitstudent der Soziologie, als er 1984 mit dem Taxifahren anfing. Nach Stationen in Darmstadt und Frankfurt kutschiert er sein elfenbeinfarbenes Gefährt heute durch Berlin, wo er mit seiner Frau und seinem Sohn lebt. Seit 2005 betreibt er einen vielgelesenen Weblog (www.taxiblogger.de).

Frank Fischer

Der Japaner im Kofferraum

Mein Leben als Taxifahrer

Knaur Taschenbuch Verlag

Besuchen Sie uns im Internet:
www.knaur.de

FSC
www.fsc.org
MIX
Papier aus verantwortungsvollen Quellen
FSC® C083411

Originalausgabe Juni 2011

Ein Unternehmen der Droemerschen Verlagsanstalt
Th. Knaur Nachf. GmbH & Co. KG, München

Umschlaggestaltung: ZERO Werbeagentur, München
Umschlagabbildung: N. Reitze de la Maza
Satz: Adobe InDesign im Verlag
Druck und Bindung: CPI – Clausen & Bosse, Leck
Printed in Germany
ISBN 978-3-426-78355-9

5 4 3 2 1

Inhalt

Taxifahrer – eine Berufung?

Bevor ich von meinem Alltag als Taxifahrer berichte, möchte ich eines klarstellen: Nein, Taxifahrer war nicht mein Traumberuf. Und trotzdem ist es so etwas wie eine Berufung für mich geworden.

Zu meinem elfenbeinfarbenen Vehikel (eierlikörgelb verbitte ich mir) kam ich während meines Studiums, um mir den Besuch ausufernder Soziologie-Vorlesungen leisten zu können. Das ist jetzt sechsundzwanzig Jahre her. Viele Kollegen behaupten, unser Gewerbe mache süchtig – ich bin der Beweis dafür. Wie bei Drogensüchtigen hat es bei mir schleichend angefangen, irgendwann wurde es immer mehr, und schließlich kam ich nicht mehr davon los.

Als Regelstudienzeit müssen bei einem Soziologiestudenten mindestens fünfzig Semester veranschlagt werden. Das sollte allerdings niemanden zu der Überzeugung verleiten, uns würde es an der Uni extrem gut gefallen oder wir würden viel und intensiv studieren. Wir sind nur leichter abzulenken und scheuen uns, die brotlose Kunst in die Realität zu überführen, da sie bare Münze kaum wert ist. Der schnelle Euro – als ich mit dem Taxifahren anfing, war es noch die Mark – ist eine große Versuchung und ein veritabler Lockstoff. Das Studium habe ich aufgegeben.

Ein angehender Soziologe, der Taxifahrer wird? Mir

ist klar, dass ich damit das berühmte Klischee erfülle. Aber das macht nichts. Bisher habe ich es nie bereut, studiert zu haben, und es noch weniger bereut, damit aufgehört zu haben. Ich habe während meines Studiums viel graue Theorie über die Menschen gelernt und bekam dann beim Taxifahren die Praxis sozusagen gratis mit dazu. Und da sag noch mal einer, dass das Studium einen nicht auf den Beruf vorbereitet!

Dass mein Beruf spannend ist, haben mir die letzten Jahrzehnte bewiesen, allein der Unterschied zwischen Frankfurt und Berlin! Während in Frankfurt vorwiegend Banker und Unternehmensberater in meinem Taxi saßen, sind es in Berlin Touristen, Rentner und Hartz-IV-Empfänger. Hier dunkle Zweireiher und Business-Kostüme, dort Holzfällerhemden, Jogginganzüge und Ballonseidenblousons. In Frankfurt fahre ich einen nach London reisenden First-Class-Passagier zum Flughafen, in Berlin eher Billigflug-Touristen. Kurz gesagt, in Frankfurt regiert das Geld und in Berlin das Sozialamt. Womit wir wieder bei der Soziologie wären.

Natürlich gibt es Tage, an denen man seinen Job verflucht. Mittlerweile gehört man als Taxifahrer ja nicht mehr gerade zu den Großverdienern. Eigentlich ist seit den Achtzigern alles kontinuierlich ein wenig abwärtsgegangen: weniger Geld, immer mehr Verkehr, unfreundlichere Fahrgäste … Trotzdem, im Grunde darf ich mich nicht beschweren: Ich mag meinen Beruf an den meisten Tagen sehr gerne, und ich kann davon leben. Das Beste daran ist aber, dass man als Taxifahrer jeden Tag etwas Neues erlebt. Jeden Tag neue Menschen kennenlernt, die einem interessante Dinge erzählen. Und natürlich passieren einem im Verkehrsdschungel der Großstadt immer wieder die skurrilsten Dinge.

Wenn Sie Lust haben, diesen Dschungel mit mir zu erobern, dann steigen Sie ein, schnallen Sie sich an – und los geht's!

Kaffee in Neukölln oder: ein Arbeitstag mit unerwartetem Ende

Wie jeden Morgen verlasse ich direkt nach meinem dreizehnjährigen Sohn die Wohnung, denn bei ihm muss man unbedingt kontrollieren, ob er Hausschlüssel, Handy, Schulsachen und Kopf dabeihat. Dann wird das Taxifahrer-Hirn vor die erste, möglicherweise folgenschwere Entscheidung gestellt: über die Autobahn oder durch die Stadt ins Zentrum? Zwischen Rudow und Neukölln stehen in der Regel selten Horden von Fahrgästen an der Straße und winken, so dass ich geneigt bin, die Autobahn bis Dreieck Neukölln zu nehmen. Der Zubringer hat aber die unheilvolle Tendenz, sich just in dem Moment, wo ich auffahre, auf drei bis vier Kilometer Länge zu verstopfen.

»In der anderen Schlange geht es immer schneller voran«, denken wir oft und stehen uns im Supermarkt genervt die Beine in den Bauch. Edward A. Murphys Lebensweisheiten, besser bekannt als das unheilvolle Murphy's Law, sind sozusagen mein allmorgendlicher Begleiter: Wenn etwas schiefgehen kann, dann geht es schief (Hauptregel). Wenn etwas auf verschiedene Arten schiefgehen kann, dann geht es immer auf die Art schief, die am meisten Schaden anrichtet. Hat man alle Möglichkeiten ausgeschlossen, bei denen etwas schiefgehen kann, eröffnet sich sofort eine neue Möglichkeit. Die

Wahrscheinlichkeit, dass ein bestimmtes Ereignis eintritt, ist umgekehrt proportional zu seiner Erwünschtheit. Früher oder später wird die schlimmstmögliche Verkettung von Umständen eintreten. Wenn etwas zu schön erscheint, um wahr zu sein, ist es das wahrscheinlich auch.

Komischerweise trifft das alles genau auf mich zu. Wenn Murphy's Law einmal zugeschlagen hat und ich morgens schon Pech habe, setzt sich das dann meistens den ganzen Tag über so fort. Dann tritt sozusagen das Murphy-Taxifahrer-Gesetz ein:

1. Am Halteplatz stehe ich mindestens fünfundvierzig Minuten und warte auf einen Fahrgast. Habe ich jedoch Lust, mir beim direkt am Platz befindlichen Bäcker einen Kaffee zu kaufen, kann ich sicher sein: Auch wenn ich beim Reingehen Vierter am Taxistand war, bin ich, sobald ich mit meinem Becher wieder aus dem Laden komme, das einzige Taxi, und der Fahrgast steht schon freudestrahlend an der Tür.
2. Ich fahre den ganzen Tag leer durch die Straßen unserer Stadt, es winkt garantiert nur jemand, wenn ich mal besetzt bin.
3. Je länger ich mir an einem Stand die Räder viereckig stehe, umso kürzer wird die nächste Tour sein.
4. Ich habe nur noch 12 Euro und 35 Cent Wechselgeld in der Tasche – mit tödlicher Sicherheit will der Nächste mit einem »Hunni« bezahlen!

   Genauso verhält es sich mit Münzen und Scheinen

an sich: Habe ich morgens schon 20 Euro Kleingeld im Sack, zahlt bestimmt den ganzen Tag über jeder passend, so dass ich bis zum Abend bestimmt 50 Euro in Münzen gesammelt habe.

5. Der Sprit geht bedrohlich zur Neige, und ich beschließe, nach der nächsten Tour zu tanken. Diese geht dann bestimmt über vierzig Kilometer, die ich schweißgebadet und mit ängstlichen Blicken auf die Tankanzeige absolviere.
6. Am Flughafen lade ich nach Golm, einem Kaff bei Potsdam, ein. Die Straße ist mir und dem Fahrgast völlig unbekannt, aber ich denke beruhigt: »Du hast ja einen Berlin-Brandenburg-Atlas.« Es wird sich herausstellen, dass ausgerechnet diese bestimmte Seite spurlos verschwunden ist!
   Glücklicherweise ist dieses Beispiel noch aus der grauen Vorzeit ohne Navigationssysteme. Hier die Navi-Version: Ich habe endlich einmal eine Fernfahrt, von Frankfurt in die Nähe von Gießen. Mitten im Wald zwischen zwei kleinen Dörfern hängt sich das Navigationssystem plötzlich auf und ist auch in der nächsten Viertelstunde nicht zur Arbeitsaufnahme zu bewegen. Ich muss mich mühsam durchfragen.
7. Der Fahrgast wohnt in einer engen, kleinen Straße, die wahrscheinlich nur von drei Autos pro Tag befahren wird. Ich muss einen Fahrauftrag ausfüllen. Garantiert taucht nach wenigen Sekunden aus dem Nichts ein Wagen hinter mir auf und hupt empört.

8. Der Rufsäulenauftrag ist äußerst eilig, ein anderer Kollege hat die Adresse nicht gefunden, der Fahrgast hat reklamiert. Ich kann sicher sein, dass mich wie in dem Märchen »Der Hase und der Igel« um die nächste Ecke herum die Müllabfuhr angrinst: »Ick bün al dor!«
9. Die Straße ist angenehmer zu fahren als die große Hauptstraße; weniger Verkehr, weniger Ampeln, man spart Zeit. Sie hat nur einen kleinen Schönheitsfehler: einen Bahnübergang. Was passiert, wenn ich mal da entlangfahre? Erraten!
10. Mein Handy habe ich immer dabei – fast immer! Liegt es einmal vergessen zu Hause in der Ladestation, kann ich sicher sein, dass drei Anrufer auf der Mailbox sind, die eine lukrative Tour für mich hatten.

Zum Glück hat mich Murphy und sein blödes Gesetz heute verschont, und ich erreiche schon nach zehn Minuten über die Autobahn Neukölln. Hier liegt zurzeit mein bevorzugtes Revier, weil es nicht allzu weit von meiner Wohnung entfernt ist. Schließlich sollten sich die Leerkilometer in Grenzen halten, bei den Spritpreisen heutzutage. Außerdem gefällt mir das multikulturelle Flair dort, und obendrein ist der Kaffee – eines meiner Grundnahrungsmittel – ziemlich preiswert in Neukölln.

Zunächst versuche ich, schon bevor ich den Taxistand ansteuere, eine erste Tour zu bekommen. Dazu lohnt es sich, den Straßenrand genauer zu beobachten: Der gemeine Neuköllner fährt meist kurze Strecken, denn er ist zu betagt, krank oder mit Einkaufstüten bepackt, um die 500 Meter bis nach Hause (zum Arzt, zum Friedhof, zur S-Bahn) laufen zu können.

Das ziemlich alte Paar beispielsweise, mit etwas abgerissener Kleidung, welches mir unlängst vor einer Arztpraxis gewinkt hatte, brauchte eine halbe Ewigkeit, bis es endlich in meinem Taxi saß. Als der Mann endlich schwerfällig neben mir auf den Sitz geplumpst war, vernahm ich: *»Hoidafiemfwansch!«*

»Das habe ich jetzt aber gar nicht verstanden.«

»Hoidafiemfwansch!«

»Tut mir leid, welche Adresse?«

Da griff der Opa in die Jackentasche, holte tatsächlich ein Gebiss heraus, steckte es in den Mund und wiederholte: *»Reuter 27!«*

Heute winkt niemand am Straßenrand (kein Wunder, das passiert ja auch nur, wenn ich besetzt bin!), und ich fahre direkt zum Hermannplatz weiter, wo ich gerne den Tag beginne.

Am Taxistand Hermannplatz ist auf engstem Raum ein Mikrokosmos »Kreuzköllner« Lebens abgebildet – die eine Straßenseite gehört zu Neukölln, die andere zu Kreuzberg. Ein anatolisches Restaurant mit dem wenig einladenden Hinweis »Wir haben keine Gästetoiletten im Innern« an der Tür und der »Ankara-Market« beginnen den Reigen. Der Markt mit seiner riesigen Obst- und Gemüseauswahl auf der Straße, vor dem abwechselnd mehr oder minder marktschreierisch begabte Mitarbeiter die neuesten Angebote feilbieten, fungiert als meine Tomaten-Börse. Jeden Tag verfolge ich hier die Tomatenpreise, deren Kurve manchmal auch schon auf atemberaubende 32 Cent pro Kilo gefallen ist. Wir Taxifahrer sind gute Seismographen für die allgemeine Entwicklung. Wenn es gut läuft und die Tomatenpreise stabil sind, wird auch mehr Taxi gefahren. Natürlich habe ich das nicht empirisch untersucht, aber vom Grundsatz her dürfte es stimmen.

Im Haus neben dem türkischen Obsthändler befindet sich eine »Asia Snack Box«, welche trotz rot-goldenen China-Kitsches und asiatischer Verkäuferin ebenfalls türkische Besitzer hat, worauf das auf Deutsch und Türkisch verfasste Plakat »Hier alles ohne Schweinefleisch« hindeutet. Ein Stück weiter die Straße runter fließt meine bevorzugte Kaffeequelle, ein Tabak- und Zeitungsladen, der natürlich ebenfalls fest in türkischer Hand ist. Zwischen dieser ganzen orientalischen Pracht kümmert »Kräuter-Kühne« vor sich hin. Um die Ecke in der Urbanstraße, wo es etwas ruhiger zugeht, bietet ein »Reisebüro Beirut« seine Dienste an – doch Hand aufs Herz: Klingt ein solcher Name besonders vertrauenerweckend?

Wie jeden Vormittag meldet sich bei mir ziemlich schnell Kaffeedurst. Die Preisspanne für das Lebenselixier des Kutschers bewegt sich in Berlin zwischen 50 Cent und 1,50 Euro. Die Qualität variiert von abgestandener Plörre am Zentralen Omnibusbahnhof bis zum riesigen

Eimer (gefühlte drei Portionen!) frisch gebrühten Gebräus für 50 Cent im »Subway« im Ostbahnhof.

Während das anatolische Restaurant den Kaffee für einen Euro abgibt, hat besagter Tabakladen einen speziellen Taxi-Driver-Tarif in Höhe von 50 Cent. Keine Ahnung, warum die Anatolier so stur sind, bei täglich geschätzten zweihundert Taxifahrern vor der Haustür.

Heute nehme ich meinen Becher frischen Kaffee mit ins Auto, manchmal, wenn ich eine längere Pause mache, setze ich mich auch unter eine der schattigen Pergolen, die es hier vor fast jedem Laden gibt. Eine kurze Kaffeepause im Stehen kann dagegen manchmal fatal sein wie bei meinem kettenrauchenden Kollegen Olaf. Er hatte einmal einen frischen Kaffee auf dem Autodach stehen, der übliche Standort, da er ja beide Hände zum Zigarettendrehen benötigt. Als ein Fahrgast nahte, steckte Olaf den Tabak ein und fuhr zum Hauptbahnhof, während der Kaffee vergessen auf dem Wagendach zurückblieb. Anschließend fuhr er wieder zurück zu seinem Stammplatz, und siehe da, der Kaffee stand noch immer unversehrt auf dem Dach herum! Ich kaufe Olaf die Geschichte auf jeden Fall ab, sein bedächtiger Fahrstil ist legendär.

Während ich meinen Kaffee trinke, vergeht die Zeit. Allmählich stehe ich schon fast wieder eine Stunde hier, Zeit, dass etwas geschieht! Mittlerweile habe ich mich immerhin an die erste Position Hermannplatz vorgearbeitet. Somit habe ich jetzt eine doppelte Chance, einen Fahrgast zu bekommen. Entweder es steigt direkt jemand bei mir ein, oder ich nehme einen Auftrag über die Rufsäule entgegen.

Da ich an keine Funkgesellschaft mehr angeschlossen bin, im Fachjargon ein »Stummer« genannt, bin ich auf diese praktischen Dinger angewiesen. Rufsäulen gibt es an vielen Halteplätzen, und sie werden von den Fahrgästen direkt angerufen. Wenn das Einsteiger-Aufkommen nachlässt, kann diese Einrichtung äußerst hilfreich sein. Wie hilfreich, erfuhr ich unlängst am Halteplatz »Schlesisches Tor« in Kreuzberg: Nachdem ich mir fast zwei Stunden lang die Räder viereckig gestanden hatte, fiel mein Blick auf die Rufsäule – das Licht war aus, die Säule defekt, shit happens!

Rufsäulen sind auf jeden Fall sehr praktisch, weil man direkt mit dem Fahrgast kommuniziert, was Übermittlungsfehler minimiert: *»Bitte kommen Sie in die Mrbrmmstraße krrmzehn!«*

Es herrscht wie immer starker Verkehrslärm am Hermannplatz.

»Können Sie die Adresse noch einmal wiederholen?«

»Waas? Kommt jetzt ein Taxi oder nicht?!«

Heute ist merkwürdigerweise keine »schnelle Taxi-Auflösung« angesagt, wie in Stein gemeißelt verharren die Taxis am Stand. Ausnahmen bestätigen die Regel.

Wieder einmal frage ich mich, woran diese vollkommene Flaute wohl liegen mag. Ich habe weder Aussatz noch Krätze. Mein Bart ist nicht älter als drei Tage. Frisch geduscht bin ich, und saubere Klamotten trage ich auch. Mein Taxi ist im Gegensatz zu allen anderen auf dem Halteplatz frisch gewaschen. Heute will sich partout keiner in meine Richtung bequemen, mit dieser übrigens völlig überflüssigen Frage auf den Lippen: *»Sind Sie frei?«*

Ich weiß ja nicht, was die Leute sich vorstellen, wenn sie mich mit leuchtendem Dachzeichen am Taxistand stehen sehen – alle möglichen Antworten gehen mir durch den Kopf, hier einige Variationen:

1. philosophisch: »Niemals aber sind wir in unserem Ich und unseren Entscheidungen gänzlich frei. Freiheit in dieser Hinsicht besteht für uns immer nur bis zu einem gewissen Grad.«
2. frivol: »Leider nicht, ich bin glücklich verheiratet und habe einen wundervollen Sohn und zwei Meerschweinchen.«
3. vorlaut: »Jetzt nicht mehr!«
4. frech: »Ja, aber nur auf Bewährung.«
5. trivial, meistens verwendet: »Ja selbstverständlich!«

Während ich meinen Gedanken nachhänge, beginnt es, an der Säule zu blinken. Ah! – Endlich ein Anruf! Eine Dame nennt mir ihre Adresse, drei Minuten später stehe ich bei ihr vor der Tür.

Sie wartet schon und hält einen Koffer in der Hand. Wenn ich Koffer sehe, macht mein Herz einen freudigen Hüpfer, denn Koffer bedeutet oft eine Fahrt zum Flughafen. Die Dame steigt ein, und ich verstaue ihr gutes Stück im Kofferraum. Es stellt sich heraus, dass sie nur zum S-Bahnhof Neukölln will. Wir fahren trotzdem los, ich kann es ja nicht ändern, bis es hinter mir zu hupen beginnt. Nach dem dritten Mal geht mir das Hupkonzert doch etwas auf die Nerven, was wollen die nur? Plötzlich dreht sich mein Fahrgast um und schreit: »Mein Koffer! Mein Koffer liegt da hinten auf der Straße!!«

Uups! Dreihundert Meter hinter uns liegt das Gepäckstück mitten auf der Fahrbahn. Zum Glück ist noch kein anderes Fahrzeug drübergefahren, so dass ich sofort zurückspurte und das kostbare Teil nahezu unversehrt (bis auf ein paar Dreckflecken) bergen kann. Ich war mir sicher, die Heckklappe geschlossen zu haben – ich weiß immer noch nicht, wie DAS passieren konnte.

Nach dieser Kurzfahrt muss ich wohl oder übel noch einmal zum Hermannplatz zurück. Zum Glück stehen diesmal nur drei Wagen vor mir.

Ich hole mir noch einen Kaffee, diesmal beim Anatolier ohne Klo, weil ich jetzt ziemlich vorne stehe und das andere Lädchen zu weit weg ist. Als ich wieder herauskomme, bin ich auch prompt Erster.

Ich male mir aus, welchen Fahrgast ich als Nächstes kriege. Am besten einen mit einem Fahrtziel, welches im Taxifahrerohr klingt wie himmlische Schalmeien.

Herr mit Koffer: »Sind Sie das Taxi zum Flughafen Schönefeld?«

Geschäftsmann: »Ich muss nach Potsdam. Hätten Sie

vielleicht eine Stunde Zeit? Sie könnten mich dann wieder zurückbringen.«

Eiliger Gast: »Schaffen wir es in eineinhalb Stunden nach Leipzig?«

Gehbehinderte Kundin: »Ich muss als Erstes zum Optiker, dann zu Kaiser's, danach zur Apotheke und dann …«

Es kommt leider anders. Meine Nemesis für heute nähert sich in Gestalt einer mir wohlbekannten alten Dame mit Rollator, ihre Tochter im Schlepptau sowie gefühlten fünfzig Einkaufstüten am Arm. Sie ist schon öfter mit mir gefahren, hält gewissermaßen nach mir Ausschau und steuert mich zielstrebig an. Weil ich immer so nett sei. Deswegen weiß ich allerdings auch, dass das Ein- und Ausladen der ganzen Utensilien länger dauert als die eigentliche Fahrt. Seufzend ergebe ich mich in mein trauriges Schicksal, welches die Vorsehung heute für mich bereithält. So kann ich wenigstens etwas für die Kundenbindung tun.

Plötzlich stürmen vier Männer heran, überholen die Oma und sind schon an meinem Taxi. Alles klar, denke ich, vier Türken, die nach Kreuzberg möchten. Weit gefehlt. An diesem Tag hat sich das Schicksal etwas anderes für mich ausgedacht. Einer der Männer öffnet die Fahrertür:

»Wie viel kostet nach Frankfurt?«

Mühsam die Fassung wahrend, erwidere ich: »Nach Frankfurt/Oder?«

»Nein, Frankfurt am Main!«

Jetzt bin ich sprachlos. Jemand will, dass ich ihn in meine alte Heimat bringe. Ich überschlage schnell im Kopf den Preis. Nach Frankfurt sind es fünfhundertsechzig Kilometer.

»Das wären achthundert Euro.«

»Okay.«

Die vier entern den Wagen. Beim Ausscheren vom Halteplatz beobachte ich genüsslich den Kollegen hinter mir, der immer noch mit dem Einladen der fünfzig Einkaufstüten meiner Spezialfreundin beschäftigt ist.

Ich kann mein Glück kaum fassen und schlage den Weg Richtung Autobahn ein. Als ich einen Blick in den Rückspiegel werfe, stelle ich fest, dass die vier ziemlich finster aussehen. Wie sich kurz darauf herausstellt, sprechen sie auch nicht Türkisch, sondern Albanisch.

Schon schießen mir alle möglichen Gedanken über die albanische Mafia durch den Kopf (wie passend: »schießen« und »Kopf«!). Drogen, Menschenhandel, Prostitution – die Albaner haben im Frankfurter Rotlichtmilieu mittlerweile die Kontrolle übernommen. Wenn das mal gutgeht! Ich male mir schon aus, wie ich um einige Organe erleichtert auf dem Grund einer Kiesgrube liege, mit einem Betonpfosten beschwert. Zum Glück ist es erst früher Vormittag, ich würde also noch im Hellen in Frankfurt ankommen und viele Augenzeugen um mich herum wissen.

An einer Tankstelle halte ich vorsichtshalber an und rufe die Gattin an. Man weiß ja nie, welche die letzten Worte am Ende des Lebens sein werden, aber mein übellauniges Brummen am frühen Morgen soll es dann doch nicht gewesen sein.

»Bin mit vier Albanern nach Frankfurt, nein, nicht Oder, unterwegs. Hoffentlich geht es gut«, raune ich vielsagend in den Hörer.

Die Stunden vergehen, aber beileibe nicht im Fluge. Es ist schon merkwürdig, wenn man von den Gesprächen der Mitfahrer rein gar nichts versteht. Eine vertrauensvolle Atmosphäre baut sich so nicht auf. Ständig mustere ich die unrasierten, dunklen Gesichter im Rückspiegel und versuche, ihre Mienen zu deuten. Ihre Augen sind hinter Sonnenbrillen versteckt. Herr, lass mich heil ankommen! Meine Gedanken überschlagen sich, und ich kann nicht verhindern, dass sich in meinem Kopf ein schlechter Gangsterfilm nach dem anderen abspult. Ich sehe auf einmal keine Koffer oder Einkaufstüten mehr in meinem Kofferraum, sondern mich. Leichenblass. Meine Nemesis bringt zwar kein Geld ein, würde mich aber auch nie in Lebensgefahr bringen.

Endlich erreichen wir Frankfurt. Unser Ziel ist gar nicht das Rotlichtviertel, sondern eine Hochhaussiedlung etwas außerhalb. Als wir an der angegebenen Adresse ankommen, kriege ich nur zu hören: »Moment, muss hole Geld!«

Au weia! Zum Glück hat er das nicht zu Beginn der Reise gesagt, denke ich, sonst wäre mir wohl noch mulmiger gewesen. Nicht auszudenken, wenn ich diesen weiten Ritt pro bono gemacht hätte. Sowieso war es äußerst fahrlässig von mir gewesen, nicht wenigstens einen Teilbetrag als Vorkasse zu verlangen. Es war wohl der Lockruf der Heimat, der mich unvorsichtig werden ließ.

Nach fünf Minuten jedoch kommt der »Man in Black« tatsächlich mit achthundert Euro zurück. Die vier Albaner verabschieden sich und verschwinden im Hochhaus.

Mir fällt das Matterhorn vom Herzen! Erleichtert und euphorisch beschließe ich, meinen früheren Taxibetrieb in Frankfurt aufzusuchen. Als ich dort ohne Vorankündigung hereinschneie, gibt es ein großes Hallo, und meine ehemaligen Kollegen und ich lassen den Abend feuchtfröhlich ausklingen. Natürlich übernachte ich dort und parke meinen elfenbeinernen Weggefährten bei der Zentrale.

Kleine Geschichte des Taxis

Mit der Sänfte fing alles an: Bereits in der Antike wurden in Ägypten und Babylon – natürlich nur begüterte oder mächtige – Personen befördert, in Paris war das seit dem 17. Jahrhundert üblich. Friedrich Wilhelm I. ließ nach dem Pariser Beispiel 1668 Sänften in Berlin einführen.

Die Sänfte wurde dann langsam von der Pferdekutsche abgelöst, auch wieder zuerst in Paris, hier wurden sie »Fiacre« genannt, woraus im deutschsprachigen Raum der Fiaker wurde. Am Anfang des 19. Jahr-

hunderts wurde die Pferdekutsche in Berlin »Droschke« genannt. Das Taxameter wurde Ende des 19. Jahrhunderts eingeführt, aus diesem Begriff leitete sich im 20. Jahrhundert die Abkürzung »Taxi« für das ganze Fahrzeug ab.
Um die Jahrhundertwende kamen die ersten Kraftdroschken auf. Sie verdrängten die Pferdefuhrwerke immer mehr. Der Droschkenkutscher Gustav Hartmann, bekannt geworden als »Eiserner Gustav«, machte 1928 eine aufsehenerregende Fahrt von Berlin nach Paris mit seinem Gefährt, um gegen die steigende Zahl von Kraftfahrzeugen zu protestieren, aufhalten konnte er den Niedergang der Pferdedroschken aber auch nicht mehr.
Elli Blarr aus Berlin-Friedenau erhielt 1929 als erste Frau die Erlaubnis zum Führen von Autodroschken.
Das beleuchtete Dachzeichen wurde seit 1958 gesetzlich vorgeschrieben, die Farbe der Taxis war Schwarz. 1971 wurde sie in die auch heute noch übliche Farbe »Hellelfenbein« (RAL 1015) geändert. Letzteres geschah, weil diese Farbe im Gegensatz zu Schwarz im Verkehr besser erkennbar war.
Im Zuge der Angleichung an EU-Normen – hier kennt kein Land außer Portugal eine einheitliche Taxifarbe – wurde die Taxifarbe mittlerweile in einigen Bundesländern freigegeben.

Mein täglich Brot: der Fahrgast

Wir sehnen ihn herbei und buhlen um seine Gunst, aber wenn er erst mal da ist, möchte man ihn so schnell wie möglich wieder loswerden: den Fahrgast.

Um ihn dreht sich selbstverständlich alles, denn er ist das tägliche Brot des Taxifahrers – und der Kunde ist bekanntlich König.

Manche verhalten sich dann auch tatsächlich wie eine Majestät, die fälschlich annimmt, das ganze Taxi samt Fahrer gekauft zu haben, und andere gebärden sich genauso lächerlich wie der Kaiser in dem Märchen »Des Kaisers neue Kleider«.

Seit einigen Jahren betreibe ich einen Weblog, den »Taxiblogger« (www.taxiblogger.de), in dem ich aus meinem Taxialltag berichte. Da ich offen gestanden auch ein bisschen eitel bin, habe ich mir ein Schild ans Armaturenbrett gehängt: »Achtung, Sie fahren mit dem Taxiblogger!«

Ein Fahrgast bemerkte, nachdem sein Blick auf mein Schild fiel: »Warum heißen Sie Taxiblogger?«

»Ich heiße nicht Taxiblogger, ich betreibe den Taxiblogger!«

»Und was schreiben Sie da?«

Da konnte ich nicht mehr an mich halten: »Wenn ich schon der Taxiblogger bin, werde ich wohl kaum über das Brötchenbacken schreiben.«

Dann gibt es manchmal Kunden, die einen eigentlich zum Verzweifeln bringen – oder aber zum Lachen, wenn man nicht alles bierernst nimmt.

Fast zirkusreif war folgender Auftritt japanischer Touristen. Am Paulsplatz in Frankfurt kamen sie zu fünft, jeder einen Trolley hinter sich herziehend, auf mich zu. Damals fuhr ich noch einen VW Touran, der hinten über zwei Zusatzsitze verfügte, so dass ich sogar bis zu sechs Personen transportieren konnte. Diensteifrig zerrte ich einen zusätzlichen Sitzplatz hinten aus der Versenkung und deutete zur Heckklappe, um die Herrschaften ihre Köfferchen ablegen zu lassen. Doch das muss einer der Japaner falsch verstanden haben. Denn statt seinen Koffer hinten einzuladen, stieg er einfach selbst in den Kofferraum ein. Ich konnte gerade noch rufen: »No, sorry! Only for the luggage!«

Mein japanischer Fahrgast blickte ziemlich erleichtert drein, als er schließlich vorne einsteigen durfte.

Ein anderes Mal stand ich auf einem Halteplatz direkt am Beginn einer Fußgängerzone, als zwei junge Männer auf mich zukamen und mich nach einer Adresse fragten. Kein Problem: »Hier in die Fußgängerzone rein, dann ungefähr 80 Meter geradeaus, dann müsstet ihr direkt vor dem gesuchten Haus stehen.«

»Was würde denn die Fahrt dorthin kosten?«

»Nichts, weil, es ist ja in der Fußgängerzone …« Wenn man nicht fahren kann, kostet es eben – nichts!

»Ok, dann fahren wir.«

»Haben Sie mich nicht verstanden, das ist eine FUSSGÄNGERZONE, da laufen alle Leute!«

»Entschuldigung, wir kennen uns hier nicht so gut aus …«

Es gibt aber noch jede Menge andere nette oder weniger nette Situationen, in die man mit Fahrgästen geraten kann, wie Sie im Folgenden sehen werden.

Wer sich als Tourist in einer Fußgängerzone ins Shopping-Vergnügen stürzen will, hat schlechte Karten, wenn er sein gesamtes Gepäck mit sich herumschleppen muss. Aber wofür gibt es eigentlich Taxis?

Vor einiger Zeit stand ich mit meinem Auto am Ku'damm vor dem Europa Center, und das schon ziemlich lange. Da das Murphy-Gesetz besagt, je länger die Wartezeit, desto kürzer die anschließende Fahrt, machte ich mich schon auf die Oma mit ihrer Einkaufstüte, die ich nur ums Eck bringen soll, gefasst. Doch ich schien Glück zu haben, denn plötzlich näherten sich drei Personen mit allerhand Gepäck im Schlepptau, das verdächtig nach Flughafen aussah. In der Tat, sie wollten von mir nach Tegel gefahren werden. Doch es kam noch besser: »Wir möchten erst um 16 Uhr fahren und uns vorher die Stadt anschauen. Nur unsere Koffer würden wir gerne schon loswerden!«

So fungierte ich als mobile Gepäckaufbewahrung, durfte das Taxameter einschalten, fast drei Stunden Zeitung lesen und anschließend auch noch für gutes Geld zum Flughafen fahren.

Nicht immer hat man es allerdings mit dem, was die Leute dabeihaben, so einfach. Wahre Gepäckvirtuosen und vor allem »Körperkünstler« waren fünf junge Amerikaner, die mich eines Morgens zu ihrem Hotel bestellten. Eigentlich kein Problem für meinen Opel Zafira, den ich damals fuhr, besaß dieser doch stattliche sieben Sitze. Leider hatten die Jungs außer sich selbst auch noch fünf riesige Reisetaschen, vier Gitarrenkoffer sowie ein komplettes Schlagzeug dabei. Es handelte sich zweifelsohne um eine Band.

Konsterniert stand ich vor dem Haufen und versuchte, den Musikern zu erklären, dass ich den Krempel unmöglich in mein Auto bekäme. Zur Antwort bekam ich, dass sie mit einem genauso großen Auto auch schon vom Flughafen hierhergekommen seien und ich sie nur machen lassen solle. Schicksalsergeben ließ ich sie dann auch schalten und walten. Routiniert begannen sie, aus dem ganzen Plunder und ihren Körpern einen kompakten Kubus aus Gepäck und Fleisch zu formen, und als sie fertig waren, konnte ich die Person hinten auf dem fünften Sitz unter den Taschen nur noch erahnen. Auch mein rechter Außenspiegel war nicht zu erkennen, weil ein Gitarrenkoffer davor parkte. Aber immerhin: Es war alles drin. Ich schaffte es, uns lebend über die A5 zum Flughafen zu befördern, und fühlte mich reif fürs Guinness-Buch der Gepäck-Rekorde.

Es gibt sogar Menschen, die ziehen mit dem Taxi um. In der Regel handelt es sich hier um Bewohner von WG-

Zimmern, deren Hab und Gut ich übersichtlich nennen würde. Diese Fahrgäste sind meistens jung und kommen mit drei Koffern, vier Müllsäcken und einer Yucca-Palme an, was mich im Allgemeinen vor keine besonderen logistischen Probleme stellt. Ausnahmen bestätigen die Regel: Vor kurzem wollte ein ganzer Thai-Imbiss mit mir umziehen. Ich bin ja an und für sich kein Freund von solchen Geschichten, meistens ist es viel Arbeit beim Einladen und wieder Ausladen, das Taxi wird verschmutzt, und die Fahrt und das Trinkgeld stehen in keinem Verhältnis zum Aufwand. Doch es traf mich ohne Vorwarnung, im Auftrag war vorher nichts davon zu lesen gewesen.

Circa zwanzig Säcke, Eimer, Kisten mit Lebensmitteln, Töpfen und Pfannen, dazu ein Wäschekorb – das Ganze garniert mit drei großen Zimmerpflanzen. Die Crew (zwei Frauen) war völlig begraben unter den ganzen Utensilien. Was glaubten die, wie ich das gesamte Interieur eines Imbisses befördern sollte? Außerdem war ich eigentlich nicht fürs Kistenschleppen zuständig – wozu gab es schließlich Möbelpacker? Als ich in die ratlosen Gesichter der besagten Damen blickte, tat es mir zwar furchtbar leid, aber diesen Auftrag konnte ich beim besten Willen nicht annehmen.

Naturgemäß begegnen mir viele Kunden, die des Deutschen nicht mächtig sind. Das ist normalerweise auch gar kein Problem, weil ich außer Englisch noch leidlich Spanisch, etwas Französisch und ein paar Brocken Polnisch spreche.

Doch einmal stieg mir am Frankfurter Hauptbahnhof ein Italiener zu, der außer Italienisch nichts sprach. Er ließ sich in den Fond plumpsen und radebrechte: »Bosch, Hanauer Landstraße!«

Ich fuhr los und zermarterte mir schon die Hirnzellen, weil mir in dieser Gegend überhaupt kein Bosch-Dienst bekannt war. Vor Ort angekommen, fuhr ich die Hanauer hoch, die Hanauer wieder runter, natürlich kein Bosch weit und breit zu sehen! Ich fragte über den Betriebsfunk die Kollegen: großes Schweigen. Danach die Zentrale: Ratlosigkeit. Ich schilderte meinem Fahrgast, der ungerührt seine Zeitung las, das Problem.

Er antwortete: »Momento …«, griff zum Handy, rief eine Nummer an und reichte mir den Hörer. Die Frauenstimme aus dem Handy erklärte mir: »Schräg gegenüber von BMW sind wir!«

Mir schwante Übles, und ich fragte zurück: »Wer ist wir???«

»Na, Porsche natürlich …«

Ich zu meinem Fahrgast: »Sie wollten nicht zu Bosch, sondern zu Porsche?«

Antwort: »Sì, giusto, Bosch-e …«

Nun gut, wenn ein Italiener versucht, deutsch zu sprechen, helfen auch Sprachkenntnisse nicht wirklich weiter.

Ein anderes Mal setzte ich am Flughafen gerade meinen Fahrgast ab, als zwei ältere Herren auf mich zukamen. Sie fragten mich in gebrochenem Englisch, wo denn in

Frankfurt die Königstraße sei. Ich musste leider passen, von der hatte ich noch nie gehört – ich kenne nur die Königstraße in Berlin-Wannsee.

Dann zog einer Herren plötzlich einen Briefumschlag hervor, und darauf stand in Sütterlinschrift eine Adresse:

Herr Sowieso, Königstraße, Frankfurt – mit einem Poststempel von 1944!

Mein voriger Fahrgast, der schon längst bezahlt hatte, blieb nun auch neugierig bei uns stehen. Wir versuchten beide, den Männern, so gut es ging, klarzumachen, dass es vor dem Krieg durchaus eine solche Straße gegeben haben könnte, sie aber wohl umbenannt wurde. Des Weiteren könnte es sich in Ermangelung einer Postleitzahl, die es damals noch nicht gab, ebenso um eine Adresse in Frankfurt an der Oder handeln. Da das Englisch der beiden so schlecht war, verstanden sie bestimmt kaum die Hälfte und trollten sich schließlich.

Mein Jagdfieber hingegen war geweckt, und ich setzte mich sofort an den PC, als ich nach Hause kam. Keine fünf Minuten, nachdem ich das Rätsel »gegoogelt« hatte, wusste ich, dass die frühere Königstraße die heutige Gräfstraße in Frankfurt-Bockenheim ist. Schade, dass ich den beiden nicht vor Ort helfen konnte, sie waren bestimmt auf den Spuren ihrer Vorkriegsverwandtschaft in Frankfurt.

Sie merken schon: Das wirklich Interessante am Taxifahren sind die Menschen, die man kennenlernt, und sei es auch nur für fünf Minuten. Schon in dieser kurzen

Zeit kann man als Taxifahrer viel über seinen Fahrgast erfahren.

Komischerweise sind die meisten Leute, die bei mir mitfahren, ziemlich gesprächig. Bis auf Geschäftsreisende und Anzugträger aller Art. Für sie bedeutet eine Taxifahrt meist nur, schnellstmöglich von A nach B zu kommen. Für sehr viele Menschen jedoch ist eine Taxifahrt immer auch etwas Besonderes. Und meistens ist ihnen der persönliche Kontakt, das unverbindliche Gespräch, genauso wichtig wie mir.

Es ist ja auch nie schwierig, ins Gespräch zu kommen. Meistens erklären die Leute, nachdem sie mir ihr Ziel genannt haben, warum sie dort hinmüssen beziehungsweise was sie an dem Ort vorhaben. Oder aber natürlich, wo sie gerade herkommen. So kommt man schnell ins Reden, und dauert die Fahrt länger, erzählen einem die Fahrgäste schon mal ganze Lebensgeschichten.

Und natürlich hat man auch Stammfahrgäste, die man immer wieder mal zum Arzt, zum Bahnhof oder zu sonstigen Besorgungen fährt und die man dann auch schon recht gut kennt. Wie zum Beispiel Frau Krämer, die mich in Frankfurt immer anrief, weil mein Taxi, der besagte VW Touran, »doch so schön hoch« sei und man »beim Einsteigen nicht so tief in den Sitz plumpst«. Die Dame muss üble Erfahrungen mit diversen ausgeleierten Uraltsitzen betagter Mercedes-Taxis gemacht haben; einmal bei mir im Wagen gesessen, mochte sie mich nimmermehr missen.

Überhaupt sind vor allem ältere Menschen auf das Taxi angewiesen. Entweder sie haben überhaupt keinen Führerschein, oder sie sind zu alt und zu gebrechlich, um sich noch mit dem aufreibenden Straßenverkehr herumzuschlagen. Ich mag die Senioren eigentlich sehr gern, nur Geduld muss man auf jeden Fall mit ihnen haben.

Einmal stieg in Frankfurt ein Opa bei mir ein, wohl schon über achtzig, herausgeputzt mit Anzug, Krawatte und Einstecktuch. Sogar eine große »Tabac«-Parfümwolke breitete sich in meinem damals nagelneu und wunderbar nach Fabrik-Plastik riechenden Taxi aus. Da hatte sich wohl jemand extra fein gemacht.

»Bitte zum Spielbank-Bus nach Bad Homburg.« Das erklärte auch seinen Aufzug: Er wollte mit einem Shuttle-Bus in das bekannte Casino (Eigenwerbung: »Die Mutter von Monte-Carlo!«) dort gebracht werden und mal wieder schick ausgehen. Der Bus sollte am Frankfurter Hauptbahnhof starten und über das Messegelände nach Bad Homburg fahren.

Da die Zeit bis zur Abfahrt am Hauptbahnhof schon knapp war, fuhr ich gar nicht dorthin, sondern ordnete mich gleich Richtung Messe ein, wo der nächste Halt des Busses sein sollte.

»Wenn ich den Bus noch kriege, liegt das nur an ihren Fahrkünsten – toll gemacht!«, schöpfte der Opa wieder Hoffnung, als ich mich zielstrebig durch die Verkehrsströme der Frankfurter City schlängelte.

Am Ziel angekommen, war tatsächlich vom Shuttle-Bus noch nichts zu sehen, doch nun fing mein Fahrgast auf einmal an, nervös in seinen Taschen zu kramen: »Wo ist denn nur mein Portemonnaie? Ich glaube nicht, dass ich es verloren habe, es muss wohl zu Hause liegen. Da sind 1000 Euro drin und meine ganzen Karten!«

Leider blieb uns nichts anderes übrig, als kehrtzumachen und zurück nach Neu-Isenburg zu fahren. Ich ging mit hinein in seine Wohnung und, oh weh – auch hier kein Geldbeutel! Mein Opa hatte immerhin noch einen Fünfziger herumliegen, mit dem er mich bezahlte. Mit seinem Portemonnaie und damit mit dem geplanten Casinobesuch war es jedoch vorbei. Ich wünschte ihm trotzdem viel Glück, dass sich die Börse doch noch auffinden würde. Ob der Opa wohl Opfer eines Taschendiebes geworden war?

Ein ganz anderer Fahrgast hatte auch keinen Cent mehr bei sich. Ich holte ihn aus einem »Cabaret« im Frankfurter Bahnhofsviertel ab. Der durchaus gutaussehende Mann mittleren Alters in leicht verknautschter Kleidung war seit zwei Tagen »on Tour« und dementsprechend abgebrannt. So hatte ich nichts dagegen, dass wir erst einmal einen kleinen Zwischenstopp am Geldautomaten einlegten, bevor wir nach Bad Soden aufbrachen, wo er wohnte – eine recht lukrative Tour übrigens.

Doch das Geld, das er in den letzten Tagen verbraten hatte, schien gar nicht sein eigentliches Problem zu sein, denn ganz unvermittelt fragte er mich: »Schauen Sie mich doch bitte einmal an – wie sehe ich aus, kann ich so meiner Frau unter die Augen treten?«

Ein bisschen verdutzt überlegte ich kurz, was ich dazu sagen sollte. Aber schließlich bin ich Taxifahrer und kein Beichtvater, weshalb ich mich einfach für die Wahrheit entschied: »Na ja – wie neugeboren sehen Sie zwar nicht aus, aber den Umständen entsprechend hervorragend.«

Anscheinend hatte ich meinen Fahrgast damit ausreichend beruhigt: Er wollte nun doch nicht gleich nach Hause, sondern ließ mich vor einer Bad Sodener Kneipe anhalten, für ein letztes Bierchen …

Wenn vom Bezahlen die Rede ist, muss auch zum Thema Trinkgeld etwas gesagt werden. Das Trinkgeld ist ein unabdingbarer Bestandteil unseres Verdienstes, beim angestellten Fahrer vielleicht noch mehr als beim Selbständigen, weil ein angestellter Taxifahrer vom Umsatz nur einen bestimmten Prozentsatz behalten darf, das Trinkgeld gehört ihm dagegen ganz. Das Trinkgeld beträgt in der Regel zehn Prozent unseres Umsatzes, größere Schwankungen nach unten und oben sind natürlich immer drin.

Welche Fahrgäste sind nun besonders trinkgeldfreudig? Ungeachtet der Ausnahmen, die es natürlich immer gibt, kann man feststellen: Je weniger Geld jemand besitzt, umso höher ist das Trinkgeld. Kommt dieser Jemand auch noch aus einer Kneipe und ist schon etwas angeheitert, winkt noch mehr. Der gutsituierte Fahrgast hingegen fällt des Öfteren durch eine gewisse Knauserigkeit auf.

Einen Unterschied zwischen der Spendierfreudigkeit

von Frauen und Männern gibt es seltsamerweise so gut wie gar nicht. Wobei festzuhalten ist: Die großzügigsten Trinkgeldgeber, die englischen Banker, sind meistens männlich, weshalb das nicht als Beweis für den Mann in Spendierhosen gelten kann.

Auch bei den verschiedenen Nationalitäten gibt es eine »Trinkgeldrangliste«: Ganz oben stehen die Briten, dann kommen die US-Amerikaner. Am unteren Ende befinden sich Asiaten (vor allem Japaner und Koreaner) sowie Franzosen und Italiener.

Ich hatte beispielsweise einmal drei Koreaner eingeladen, die von mir zum Flughafen gebracht werden wollten. Das Gepäck der drei (zwei Frauen, ein Mann) wog grob geschätzt eine Tonne. Zum Ausgleich gab es keinen Cent Trinkgeld, geschweige denn eine kleine Aufwandsentschädigung für die Schlepperei. Der bemerkenswert intensive Geruch nach Mottenkugeln hätte zudem eigentlich Schmerzensgeld verlangt.

Britische Banker geben in der Regel ein unverschämt gutes Trinkgeld. Die Fahrt von der Frankfurter City zum Flughafen, welche etwa 23 bis 24 Euro kostet, wird dann schon mal auf 30 Euro aufgerundet. Ich vermute, der Banker freut sich einfach wie ein Schneekönig, dass er in Frankfurt in 15 Minuten am Flughafen ist und nicht zwei Stunden braucht wie von Heathrow nach London!

Der Banker allerdings, der mit mir einmal für 24,80 Euro zum Flughafen fuhr und daraufhin bemerkte: »A receipt for twenty-five, please!«, muss wohl aus Schottland gewesen sein.

Zu guter Letzt: Die groß angekündigten Trinkgelder (»Wenn wir in zehn Minuten am Bahnhof sind, gibt es ein gutes Trinkgeld!«) entpuppen sich fast immer als leere Versprechungen – das wirkliche gute »Tip« kommt stets überraschend.

Hausfrau, Rentner, Geschäftsmann: eine kleine Einsteiger-Typologie

Der Mann blickte sich seufzend um: nichts als Einöde, so weit das Auge reicht. Es war warm, kein Schatten in der Nähe, und er saß hier fest. Die Sonne stand schon tief, es würde nicht mehr lange dauern bis zu den ersten Anzeichen der Dämmerung. Er hatte keinerlei Vorräte mehr, der Hunger nagte in seinen Eingeweiden. Aber noch schlimmer war der Durst. Der Mann versuchte sich zu erinnern, wie lange ein Mensch es ohne Flüssigkeitszufuhr aushält. Das hatte er mal gewusst. Er machte sich bittere Vorwürfe. Was in drei Teufels Namen hatte ihn dazu bewogen, sich an diesen Ort der Verzweiflung zu begeben? Dabei könnte er doch gemütlich zu Hause auf seiner Terrasse sitzen und ein kühles Bier genießen! Er wischte sich den Schweiß von der Stirn und begann, über Möglichkeiten nachzudenken, von hier wegzukommen.

Plötzlich öffnet sich die hintere Tür, und eine Stimme ertönt: »Sind Sie frei?«

So oder so ähnlich läuft es manchmal, wenn das scheue und flüchtige Wesen »Fahrgast« sich wieder einmal besonders rarmacht.

Was hier einer näheren Betrachtung unterzogen werden soll, ist die Art und Weise, wie der Fahrgast eines der am Taxistand bereitstehenden Fahrzeuge entert, in aller Regel das erste. Die meisten nehmen das Taxi an der Spitze der Schlange. Selbst nach Jahrzehnten der freien Taxiwahl, die Bestandteil der meisten deutschen Taxiordnungen ist, herrscht eine bemerkenswerte Unkenntnis über diesen Tatbestand. Viele glauben immer noch, sie müssten das erste in der Schlange nehmen, ob es nun verdreckt ist, die morsche Karosserie nur noch durch den Rost zusammengehalten wird oder der Fahrer im fleckigen Unterhemd über der Bierwampe sich in seinem Sitz fläzt und keine Anstalten macht, beim Verladen des Gepäcks behilflich zu sein. Ich versichere Ihnen, und Sie dürfen sich darauf berufen: Wenn Sie kein gutes Gefühl dabei haben, dieser Person Ihr Leben anzuvertrauen, lassen Sie es bleiben und steigen in irgendein anderes Taxi ein. Und wenn es das letzte in der Reihe sein sollte!

Das Einsteigen selbst ist dann doch wohl nur noch eine Lappalie, oder? Weit gefehlt – denn Einsteigen ist nicht gleich Einsteigen. Schon daran, wie die Menschen die Autotür aufmachen, erkennt man, wen man vor sich hat. Hier meine persönliche Typologie der Einsteiger:

1. Der nassforsche Typ:
reißt die Tür auf, lässt sich in die Polster sinken und verkündet: »Flughafen, Terminal 1, Lufthansa!«

Allein an seinem Gang und seiner Haltung, mit der er sich dem Taxistand nähert, kann man erkennen: Jeder Widerstand ist zwecklos. In den meisten Fällen handelt es sich hierbei um einen Chef, welcher gewohnt ist, dass seine Untergebenen spuren. Aus jeder Faser strömt seine Wichtigkeit, und er sorgt stets dafür, dass diese auch unverzüglich wahrgenommen wird. Wir Taxifahrer sind in seinen Augen ein absolutes Nichts, das es noch nicht einmal wert ist, als Mensch beachtet, also begrüßt zu werden. Außer den vielzitierten »Softskills« in Bezug auf den Umgang mit seinen Mitmenschen fehlt diesem Exemplar schlicht und einfach eine anständige Kinderstube.

Der Anarchist in mir antwortet in solchen Fällen erst mal mit einem fröhlich dahingeschmetterten »Schönen guten Tag!«. Was sein muss, muss sein – und die Zeit dafür hat jeder. Mein Gruß wird manchmal etwas verschämt erwidert, meistens jedoch souverän überhört.

Einmal stieg so ein Alphatier mit seinem Adlatus zusammen ein. Nach einigen Minuten Fahrt wandte der Boss sich an seinen Befehlsempfänger: »Fragen Sie den Fahrer doch einmal, ob er wirklich die richtige Strecke fährt …«

Der glaubte wohl, er habe es mit seinem Chauffeur zu tun, nur dass er mitnichten mich bezahlt, sondern lediglich die Dienstleistung »Taxifahrt«! Nur mühsam verkneifen konnte ich mir die Replik: »Sagen Sie Ihrem Chef doch mal, dass ich diese Standardstrecke drei- bis viermal am Tag fahre und selbst im Wachkoma bewältigen würde.«

Zur gleichen Kategorie gehörten auch die drei Anwälte, die in meinen »Touran« stiegen und schon bald darüber zu mosern begannen, wie klein das Auto doch sei: »Wisst ihr was, demnächst stellen die noch einen Smart an den Taxistand.«

Als höflicher Mensch habe ich mir meine Antwort dann wieder einmal nur gedacht: »Den Smart werden wir bei euch überspringen und schicken gleich 'ne Vespa vorbei!«

2. Der argwöhnisch-misstrauische Typ:

»Kennen Sie auch wirklich den kürzesten Weg nach …?«

Dieser Gast glaubt, dass ihn jeder Taxifahrer über den Tisch ziehen will, da er irgendwann einmal eine schlechte Erfahrung gemacht hat. Oder weil ihm irgendjemand erzählt hat, dass er einmal aufs Glatteis geführt wurde. Angespannt kauert er in seinem Sitz und verfolgt jede Aktion mit Argusaugen. Das Taxameter fixiert er wie das Kaninchen die Schlange, und er wird einem garantiert am Ende der Fahrt entrüstet mitteilen, dass er beim letzten Mal aber 30 Cent weniger bezahlt habe.

Nehme ich aus gutem Grund, etwa wegen einer Baustelle oder einer Demonstration, einen minimal anderen Weg, ertönt es sofort erbost von hinten: »Ja, wo fahren Sie denn mit mir hin?!« Einem solchen Kunden musste ich einmal auf der Quittung die exakte Fahrtstrecke notieren, und zwar Straße für Straße, zwecks späterer Beschwerde. Hier heißt es, einen kühlen Kopf zu bewahren und Fingerspitzengefühl zu zeigen.

Kommt es ganz hart und der Fahrgast beleidigt mich, ziehe ich die Notbremse. Nachdem ich am Straßenrand angehalten habe, fordere ich den renitenten Gast freundlich, aber bestimmt zum Verlassen meines Taxis auf. Wegen ein paar Euro sollte man sich nun wirklich nicht den Tag versauen lassen.

Bei ganz hartnäckigen Fällen halte ich auch mein Zocker-Angebot bereit: »Wir fahren jetzt noch einmal zurück. Ist Ihre Strecke tatsächlich kürzer, fahren Sie umsonst. Habe ich recht, zahlen Sie den doppelten Fahrpreis.« Komisch, darauf ist bis jetzt noch nie jemand eingegangen!

3. Der vorsichtig-schüchterne Typ:
steht vor dem Fenster der Fahrertür, hebt unsicher die Augenbrauen und wedelt mit den Armen: »Darf ich?«

Für diesen Einsteiger-Typ stellt die Taxitür eine natürliche Hemmschwelle dar. Viel lieber wäre es ihm, wenn diese sich wie bei einem Bus automatisch per Knopfdruck öffnen würde. Als servicebewusster Fahrer achte ich natürlich auf das Treiben auf der Straße und öffne dann auch gerne die Tür beim Einstieg. Aber manchmal liest man eben die Zeitung oder ist anderweitig abgelenkt.

Außerdem kam schon des Öfteren ein Passant strahlend auf mich zu, ich öffnete schnell den Schlag – und der Strahlemann ging an mir vorüber. Diese Blöße will sich natürlich niemand gerne geben.

Ein ebensolcher Klassiker ist das Entree »Sind Sie frei?«. An einem Taxistand stellen sich Taxis hin, welche zur Fahrgastaufnahme bereit sind, fertig und aus. Niemand wird den Busfahrer an der Haltestelle fragen, ob er gleich weiterfährt.

Dann gibt es noch den Sonderfall des Zauderers, der immer auf Nummer sicher gehen will. Obwohl ich meine komplette Seitenscheibe mit Aufklebern von diversen Kreditkarten verziert habe, fragt der Zauderer garantiert trotzdem: »Kann man bei Ihnen mit Kreditkarte zahlen?« Nein, die bunten Bildchen kleben nur an der Scheibe, damit es im Wagen nicht so hell wird!

4. Der hilflos-ängstliche Typ:
ist meist älter, weiblich und hat eine Gehhilfe. Er fixiert den Fahrer schon aus 80 Meter Entfernung, damit dieser ja nicht wegfährt, während man sich im Schneckentempo auf ihn zubewegt.

Aber ich will nicht meckern. Schließlich gibt es kaum einen dankbareren Fahrgast als diesen. Für ihn ist der Taxifahrer noch der strahlende Held, der ihn nach den mühevollen Wegen zur Arztpraxis oder zum Friedhof bequem zurück ins behagliche (Senioren-)Heim fährt.

Das kann durchaus auch einmal überfallartig passieren: Man denkt an nichts Böses, will im tiefsten Mittagsloch am Taxistand seiner Wahl einen Kaffee trinken und wähnt sich in Sicherheit, weil man erst als sechstes Taxi am Stand an der Reihe ist – schon kommt das steinalte Mütterchen mit ihrer Gehhilfe angeschlurft. Erwartungsvoll blickt sie mich an: »Sie fahren doch mit Berta-Chipkarte, oder?« Offenbar hat keiner der fünf Kollegen vor mir diese Karte, die von der Stadt Frankfurt mit einer bestimmten Menge an Freifahrten an Gehbehinderte ausgegeben wird, akzeptiert, also war ich dran.

Im Übrigen ist man bei der hilflos-ängstlichen Klientel auch in besonderem Maß als Zuhörer gefordert; all die Zipperlein und größeren Gebrechen sowie die Erlebnisse in Arztpraxis und Krankenhaus wollen ausführlich mitgeteilt werden.

Mein kettenrauchender Kollege Olaf, der den ganzen Tag am selben Taxistand steht, kennt so gut wie alle Fahrgäste hier in- und auswendig. Manchmal besuche ich ihn an seinem Lieblingsstand, und wir vertreiben uns gemeinsam die Zeit. Beim letzten Mal war ich an erster Position, als sich eine weißhaarige alte Dame mit Rollator näherte.

»Na dann mal viel Spaß! Die geht jetzt zuerst noch zum Bäcker rein, und dann fährt sie nach Eschersheim. Und: Sie wird dich gleich mit ihrer Krankengeschichte überfallen!«

So geschah es auch. Nach dem Gang zum Bäcker der sich direkt am Halteplatz befindet, kam sie zu mir gewackelt, stieg ein und lotste mich nach Eschersheim. Dann kam die Geschichte. Ich rechnete schon mit dem Schlimmsten – aber es handelte sich lediglich um einen Fersensporn.

5. Der wichtige Handy-Typ:

Nähert sich dem Taxi, reißt die Tür auf: »Bla, bla, Laberrhabarber, bla, blubb, Deutsche Bank, Taunusanlage, Rhabarber, blubb, bla, bla …«

Diesen Typen findet man eher in Frankfurt als in

Berlin. Er ist in der Regel Banker, stets in wichtige »Projekte« verwickelt, und das Handy scheint ihm am Ohr festgewachsen zu sein. Im Gegensatz zum nassforschen Typen will er den Fahrer nicht geringschätzen, er ist nur einfach so beschäftigt – in der Sekunde zwischen zwei Telefonaten begrüßt er mich durchaus höflich.

Schwer lässt sich ihm das Fahrtziel entlocken, bei einer Flughafenfahrt frage ich die genauen Flugdaten gleich vorher ab, da ich am Flughafen vielleicht nicht mehr zu Wort komme. Denn er wird praktisch die gesamte Fahrt lang in sein Handy quasseln, wahrscheinlich, um seine Wichtigkeit zu demonstrieren.

Echt prickelnd wird es aber, wenn drei Fahrgäste im Taxi sitzen und ein jeder telefoniert, und zwar einer auf Deutsch, der andere auf Englisch, der Dritte auf Französisch …

Manchmal gleitet die Situation durchaus auch ins Surreale ab.

Eine elegante Dame im Business-Kostüm ließ sich auf meinem Rücksitz nieder. Sie wollte zu einer Investmentbank.

Nach einer Weile hörte ich hinter mir ein ganz seltsames Geräusch. Ich dachte zuerst, mit dem Wagen sei etwas nicht in Ordnung. Schließlich bemerkte ich, dass es aus dem Handy meiner Kundin kam.

»Das hört sich aber nicht gesund an!«, bemerke ich trocken.

»Das ist mein Signal, wenn eine Message ankommt«, erwidert sie.

»Es hört sich an wie ein alter Wecker, der in einem Topf mit kochendem Wasser liegt.«

»Da sehen Sie mal, was für ein hartes Leben ich habe …«

Chapeau! – gut gekontert.

6. Der Basar-Typ:

Kommt an mein Taxi, nachdem er schon bei vier anderen Kollegen war: »Fährste mich für 'nen Zehner nach Neu-Isenburg?«

Es läuft stets nach dem gleichen Schema ab: Ich stehe zum Beispiel in Frankfurt am Hauptbahnhof. Der Kunde, meistens nicht gerade elegant gekleidet, geht zum ersten Taxi. Er fragt den Fahrer etwas und zieht weiter zum nächsten, bis er schließlich bei mir ankommt. »Fährst du mich (das vertrauliche »Du« wird fast immer benutzt) für 'nen Zehner nach Neu-Isenburg?«

Randnotiz für den Ortsunkundigen: Der Fahrpreis von der Innenstadt in diesen Frankfurter Vorort kann je nach Adresse sogar das Doppelte betragen. In anderen Ländern mag auch im Taxi das Feilschen üblich sein, hier erntet der Fahrgast im besten Falle bloß Unverständnis. Abgesehen davon, dass wir im sogenannten »Pflichtfahrgebiet« eine Tarifpflicht haben, soll heißen, wir dürfen nur den Preis verlangen, den das Taxameter anzeigt, und zwar weder mehr noch weniger – warum sollte ich mich darauf einlassen? Die Fahrt kostet mich, wenn ich Pech habe und in einen Stau gerate, eine Stunde, bis ich wieder vor dem Hauptbahnhof stehe. Und auf einen Zehner komme ich hier im Schnitt bei jeder Tour, und zwar wesentlich schneller. Aber manche versuchen es eben immer wieder.

Einmal stieg am Frankfurter Hauptbahnhof der Portier eines in der Nähe befindlichen Hotels bei mir ein: »Kommen Sie bitte mit rüber zum Park-Hotel, da sind keine Taxis. Geben Sie mir einfach zwei Euro, dann habe ich da eine Flughafenfahrt für Sie.«

»Ja, sind wir hier denn auf dem Basar in Kairo?«, entfuhr es mir spontan. Ich weigerte mich, fuhr aber trotzdem rüber. Der Fahrgast wollte dann übrigens auch nicht zum Flughafen, sondern um die Ecke in ein Café gebracht werden. So viel zum Thema lukrative Flughafenfahrt.

Außer dem großen Taxistand am Frankfurter Hauptbahnhof gibt es noch einen an der Südseite. Hier ist die Klientel manchmal recht schräg, und eines meiner unappetitlichsten Erlebnisse ereignete sich hier. Ich war noch ziemlich weit hinten am Stand, als die Beifahrertür aufging und eine Frau den Sitz neben mir bestieg. Sie wirkte wie jemand, der bereits fünf Tage im Alkoholkoma lag, und hatte auch das entsprechende aufgedunsene Äußere.

»Nach Köln, bitte«

»Wissen Sie, was das kostet?«

»Ja, klar, 60 Euro.«

»Dafür bekommen Sie drüben im Bahnhof noch nicht einmal eine Bahnfahrkarte. Nach Köln mit dem Taxi kostet ungefähr 240 Euro …«

Diese Antwort brachte sie zum Schweigen, und sie

glotzte mich nur noch an. Meine Bitte, doch wieder auszusteigen, fruchtete nicht. Deshalb stieg ich einfach selbst aus und ging nach vorne zu einem Kollegen, den ich kannte. Wie der Blitz verließ die Dame auf einmal mein Taxi. Der Kollege meinte, sie habe schon drei oder vier Taxis hier am Stand angehauen, sei aber natürlich jedes Mal aufgelaufen.

Als ich mich später wieder in meinen Wagen setzen wollte, bemerkte ich übrigens sofort den feuchten Fleck auf dem Beifahrersitz …

Jetzt weiß ich wieder, warum ich gar nicht gerne an der Südseite stehe.

7. Der eilige Typ:
»Bitte schnellstens zum Hauptbahnhof – mein Zug geht in 14 Minuten!«

Dieser Typus ist immer in größter Eile und verlangt vom Taxifahrer meistens Unmögliches. Der Verkehr und das Wetter lassen sich auch von uns nicht positiv beeinflussen. Zwei Dinge sind hierzu festzustellen: Zum einen ist man als Taxifahrer sowieso bestrebt, den Fahrgast so schnell wie möglich wieder loszuwerden, da man dann schneller wieder den nächsten Kunden bekommt. Zum anderen ist der Gast selbst verantwortlich für seinen Zeitmangel, ich habe damit nichts zu tun und lasse mir deshalb auch nicht die Pistole auf die Brust setzen.

Das Argument, dass wir uns bei übermäßigen Ampelstopps selbst in die Tasche wirtschaften würden, gilt in

Berlin übrigens gar nicht. Hier gibt es keine verkehrsbedingte Wartezeit – sprich: Wenn ich an einer Ampel warte, bleibt das Taxameter stehen, erst ab einer Wartezeit von mehr als einer Minute setzt es sich wieder in Bewegung.

8. Der dankbar-freundliche Typ:

»Ach, welch ein Glück, dass hier ein Taxi steht, würden Sie mich netterweise zum Flughafen bringen?«

Diese sind mir selbstverständlich die liebsten Gäste, und sie sind auch gar nicht mal so selten. Bei ihnen merkt man, dass man gebraucht wird und dass man ihnen eine echte Freude macht.

Und sogar als eiliger Zeitgenosse kann man in dieser Kategorie landen: Einmal wollte ein Fahrgast zum Flughafen, und man sah ihm an, dass er wirklich in Eile war. Er tat dies allerdings mit keiner Silbe kund, sondern fragte lediglich, wie lange wir brauchen würden. Ich fuhr einen günstigen und schnellen Weg (beide kriegt man nicht immer unter einen Hut) und war fünf Minuten früher am Airport als angekündigt. Auf dem Taxameter standen 20,60 Euro, der dankbare Gast gab mir dreißig.

9. Der Winker:

Winker sind potentielle Fahrgäste, die an der Straße stehen und versuchen, ein freies Taxi zu ergattern. Wie bereits an anderer Stelle erwähnt, begegnet einem diese Spezies nur, wenn man gerade besetzt ist, mit dem letzten Tropfen Sprit auf dem Weg zur Tankstelle ist oder gerade nach Hause in den Feierabend fahren will.

Lieber Winker, bitte unbedingt beachten: Wenn das Taxizeichen oben auf dem Dach nicht leuchtet, ist das Taxi besetzt oder auf dem Weg zu einem Funkauftrag. Die Fälle, bei denen die Leuchte einfach defekt ist, sind relativ selten. Es nutzt auch nichts, mit sämtlichen Gliedmaßen zuckend wahre Veitstänze aufzuführen – ich habe Sie schon gesehen, habe keine Tomaten auf den Augen, Sie werden von mir lediglich ignoriert.

Bin ich nämlich wirklich einmal frei und Sie erscheinen vor mir am Straßenrand, seien Sie versichert: Eine minimale Bewegung des kleinen Fingers genügt, und ich werde Ihnen zu Diensten sein!

Obwohl, wenn man am Ende einer langen Schicht so durch die Dämmerung rauscht, mit angestrengtem Tunnelblick, kann man auch Trugbildern aufsitzen. Mein Kollege Olaf sagt in diesem Fall immer: »Wenn die Mülleimer winken, ist es Zeit, Feierabend zu machen.«

Und: Haben Sie sich in einem der Einsteiger-Typen wiedererkannt? Ich kann es mir denken, Sie gehören bestimmt zu Typ Nummer 8.

Es gibt natürlich auch noch viele andere Fahrgäste, die sich in gar kein Schema pressen lassen, so wie vor kurzem, als ich in die Zeitung vertieft am Halteplatz auf Fahrgäste wartete – und dann auf einmal hinten die Tür auf- und wieder zugeht.

Eifrig rufe ich: »Schönen guten Tag!«

Keine Reaktion. Ich drehe mich um, steht da ein Köfferchen auf dem Rücksitz. Ein Köfferchen, sonst nichts. Es dauerte ein paar Sekündchen, bis schließlich neben mir die Beifahrertür aufging und der zum Köfferchen zugehörige Fahrgast einstieg.

»Oh, ich habe soeben Ihren Aktenkoffer gegrüßt.«

Muss ein Taxifahrer einen Hund mitnehmen?

Nein, dies geschieht auf freiwilliger Basis und liegt im Ermessen des Fahrers. Viele Kollegen nehmen, wenn überhaupt, nur kleinere Hunde mit, wegen des Verschmutzungsrisikos oder auch aufgrund genereller Angst vor Hunden. Ausnahme: Ein Blindenhund muss immer mitgenommen werden.

Vor allem Wiedersehen macht Freude: prominente Beifahrer

Wenn man so viele Jahre in Frankfurt am Main und Berlin mit dem Taxi unterwegs ist, steigt einem fast zwangsläufig eine erkleckliche Anzahl Prominenter ein. Obwohl, wenn man es genauer betrachtet, sind es doch nicht so viele: In sechsundzwanzig Taxijahren bedeuten vierundzwanzig prominente Fahrgäste noch nicht einmal einer pro Jahr!

Nun bin ich beileibe nicht der Typ, der diese Zeitgenossen freudestrahlend anquatscht und am Ende noch um ein Autogramm bittet – nein, bei mir wird die Fahrt ganz profimäßig und cool abgewickelt, der Prominente erfährt die gleiche Behandlung wie jeder andere Fahrgast auch. Ich lasse den Gast nicht spüren, dass ich ihn erkenne, und dieser weiß auch, dass ich weiß, wer er ist, lässt aber seine Berühmtheit nicht raushängen.

Eine Ausnahme gab es jedoch: Eines schönen Nachmittags stand ich vor dem KaDeWe in Berlin auf dem Taxistand etwa in der Mitte der Warteschlange. Ein älterer Herr nähert sich dem ersten Taxi mit brennender Pfeife im Mund. Er fragt den Fahrer etwas und geht dann weiter zum nächsten Wagen. Auch hier bleibt er erfolglos, beim nächsten ebenso, bis er schließlich bei mir landet. Ich weiß natürlich schon längst, was das Begehr des mir wohlbekannten Herrn ist.

»Darf ich bei Ihnen mein Pfeifchen rauchen?«

»Aber sicher dürfen Sie das, Herr Grass!«

So fuhr ich einen glücklich schmauchenden Günter Grass zu seinem Häuschen nach Friedenau. Er erzählte, dass ihn die allermeisten Kollegen nicht ins Auto ließen mit seiner Pfeife. Das war mir unverständlich: Von einem Günter Grass lasse ich mir doch gerne mal das Taxi vollstinken!

Die meisten Prominenten verhalten sich wie normale Fahrgäste auch: Einige sagen gar nichts, mit anderen führe ich ein nettes Gespräch, und manchmal kann ich sogar eine interessante Unterhaltung belauschen.

Meine prominenten Fahrgäste

Gregor Gysi	*Fraktionsvorsitzender der Linkspartei im Bundestag*
Werner Schneyder	*Kabarettist und Sportkommentator*
Otto Schily	*ehemaliger Bundesinnenminister*
Désirée Nick	*Entertainerin und Kabarettistin*
Anne Bennent	*Schauspielerin*

Harald Juhnke	*Schauspieler und Entertainer*
Rupert Scholz	*ehemaliger Bundes-verteidigungsminister*
Fritz Kuhn	*stellvertretender Fraktions-vorsitzender der Grünen im Bundestag*
Rezzo Schlauch	*ehemaliger Staatssekretär im Bundeswirtschafts-ministerium*
Klaus Töpfer	*ehemaliger Bundesumwelt-minister*
Georgia Tornow	*Journalistin*
Günter Grass	*Schriftsteller und Literatur-nobelpreisträger*
Roger Willemsen	*Schriftsteller und Modera-tor*
Jochen Senf	*Schauspieler und Autor*
Jutta Ditfurth	*Publizistin und Politikerin*
Romani Rose	*Vorsitzender des Zentral-rats deutscher Sinti und Roma*
Willi Lemke	*ehemaliger Senator und Fußballmanager*
Frank Elstner	*Showmaster*

Artur »Atze« Brauner	*Filmproduzent*
Horst Hrubesch	*DFB-Fußballtrainer*
Matthias Sammer	*DFB-Sportdirektor*
Erich (»Mach et, Otze!«) Rutemöller	*DFB-Fußballtrainer*
Dieter Eilts	*Fußballtrainer*

Und als Höhepunkt – der einzige Prominente, der mir sowohl in Frankfurt als auch in Berlin ins Auto gestiegen ist:

Marcel Reich-Ranicki	*Papst der deutschen Literaturkritik*

Die meisten der Fußballtrainer habe ich bei der WM 2006 in Frankfurt gefahren. Einmal lud ich sogar eine ganze Truppe ein: Matthias Sammer, Erich Rutemöller, Horst Hrubesch und Dieter Eilts wollten von mir von der DFB-Zentrale zum Flughafen gebracht werden. Sie frotzelten über Franz Beckenbauer, der während der Weltmeisterschaft ständig an mehreren Orten gleichzeitig zu sein schien. Wie ich aus dem Gespräch erfuhr, war das nur möglich, weil er sich extra einen Hubschrauber gechartert hatte. So flog er permanent von einem Stadion zum nächsten, um sich während der WM-Endrunde insgesamt 48 Spiele ansehen zu können.

Als besonders nett habe ich auch noch Désirée Nick in Erinnerung. Sie fuhr ich von Frankfurt ins Hilton nach Mainz und war angenehm überrascht, dass sie bei weitem nicht so exaltiert und überdreht war, wie man sie im »Dschungelcamp« kennengelernt hatte. Sie schien eher ruhig zu sein und war charmant – und sie gab mir am Fahrtziel ein üppiges Trinkgeld, was mitnichten bei allen Promis der Fall ist.

Mit Roger Willemsen hatte ich ein überaus anregendes Gespräch vor allem über seine Erlebnisse in Afghanistan. Das heißt, es war mehr ein Monolog, ich kam dabei kaum zu Wort. Aber das Zuhören war trotzdem ein Genuss, denn Willemsen spricht geradezu druckreif.

Klaus Töpfer, der mir in Frankfurt zustieg, berichtete mir von dem Kollegen, der ihn nach Frankfurt-Sachsenhausen fahren sollte, ihn aber trotz eingeschalteten Navigationsgeräts, das er überhaupt nicht lesen konnte, nach Neu-Isenburg kutschieren wollte.

Besonders in Erinnerung geblieben ist mir natürlich auch Literaturpapst Marcel Reich-Ranicki. Dieser saß nämlich, man sollte es kaum glauben, sowohl in Frankfurt als auch etliche Jahre später in Berlin in meinem Taxi.

In Frankfurt holte ich ihn seinerzeit vor dem Literaturhaus ab.

Ich grüßte freundlich: »Guten Abend, soll's nach Hause gehen?«

»Ja, wissen Sie denn, wo ich wohne?«

»Ja, natürlich, Herr Reich-Ranicki, im Dichterviertel!«

»Kennen Sie auch die Straße?«

»Klar, Sie wohnen in der Gustav-Freytag-Straße.«

Vollends perplex war er, als ich ihm auch noch den zugegebenermaßen einzigen Roman, den der Namensgeber der Straße verfasst hatte, nennen konnte: »Soll und Haben«. Sein trockener Kommentar über das Buch: »Na ja, dieses Buch muss man nicht unbedingt gelesen haben.«

Viele Jahre später in Berlin. Ich wartete am Flughafen Tegel in erster Position. Plötzlich hörte ich es schimpfen. Ich blickte in den Spiegel und sah den Literaturkritiker laut lamentierend zu meinem Taxi schlurfen. Schnaufend stieg er ein: »So eine Unverschämtheit, ich werde mich beschweren! Die Zustände an diesem Flughafen sind unbeschreiblich!«

Was war geschehen? Wer den Flughafen Berlin-Tegel kennt, weiß, dass dieser ein ziemlich kompaktes Hexagon ist. Wenn man dieses allerdings einmal ganz umrundet, ist man eine ziemliche Strecke gelaufen – vor allem für einen über Achtzigjährigen. Genau das war ihm nämlich passiert, als er vom Gate die falsche Richtung zum Taxistand nahm.

Als er sich etwas beruhigt hatte, erzählte ich ihm, dass er vor Jahren schon in Frankfurt mein Fahrgast gewesen sei. Er konnte sich zwar nicht mehr an mich erinnern, fand einen solchen Zufall aber bemerkenswert.

Von Reich-Ranicki gibt es übrigens auch ein Taxi-Zitat, welches ich Ihnen an dieser Stelle nicht vorenthalten möchte: »Geld macht sicher nicht glücklich, aber wenn ich traurig bin, weine ich lieber im Taxi als in der S-Bahn.«

Sex, Drugs and Rock 'n' Roll: die Nachtschichten

Ich selbst fahre schon lange nicht mehr nachts, habe es aber zu Beginn meiner Taxikarriere fast ausschließlich getan. Nachts zu arbeiten, ist etwas für Singles, Studenten und Menschen, die unter Schlaflosigkeit leiden. Als Familienvater habe ich das Bedürfnis, meinem Sohn abends gute Nacht zu sagen, zumindest, solange dieser noch Wert darauf legt. Außerdem finden die meisten gesellschaftlich relevanten Events wie Kneipenbesuche und Konzerte am Abend statt, weshalb ich zu der Zeit lieber selbst einmal Taxifahrgast bin, als in einem solchen hinterm Steuer zu sitzen.

Wobei, die Nachtfahrer schwören ja auf die Nachtschicht: Der Verkehr sei angenehmer, die Fahrgäste freundlicher, das Trinkgeld üppiger – sie haben natürlich recht: Das Blöde am Nacht-Taxifahren ist nur, dass es in der Nacht stattfindet.

Meine Tagschichten sind zwar langweiliger, aber sicherer. Über 90 Prozent der Taxiüberfälle finden nach Einbruch der Dunkelheit statt, am Tage fährt es sich also angstfreier. Während die Tagschicht nach Krankenhaus, Seniorenwohnheim und Physiotherapie riecht, duftet die Nachtschicht nach Sex, Drugs and Rock 'n' Roll. Die Drugs bestehen hier überwiegend aus Alkohol, aber es gibt auch andere Fälle, davon später.

Der Fahrgast hat sowieso schon manchmal ein geradezu unheimliches Mitteilungsbedürfnis, da er im Taxifahrer ein merkwürdiges Neutrum sieht, dem er anvertraut, was er weder der Ehefrau noch dem besten Freund jemals erzählen würde. Aber beim alkoholisierten Taxikunden wird es auf die Spitze getrieben. Der Schwips sorgt hier für einen Verbrüderungsdrang, welcher aus dem freundlichen Plauderer recht schnell einen gefährlichen Unberechenbaren machen kann, zum Beispiel, wenn dieser dem Fahrer plötzlich um den Hals fallen will (in voller Fahrt natürlich).

Hier ein typisches Nachtfahrer-Szenario:

Ich halte vor dem Lokal, dessen Adresse mir der Anrufer genannt hat. Servicebewusst gehe ich natürlich hinein und melde mich. Mein Fahrgast sitzt am Tresen und lässt mich mit schwerer Stimme wissen, er komme gleich, er trinke nur noch sein Bier aus (»Mach schon mal die Uhr an!«). In Wirklichkeit hat er gerade noch ein neues Glas bestellt, und erst nach einer guten Viertelstunde – auf dem Taxameter leuchten schon satte 9,40 € – öffnet sich die Lokaltür.

Er kommt aus der Kneipe getorkelt, seine ansonsten recht gute Kleidung, Trenchcoat, Jackett und Krawatte, ist etwas derangiert. Erst mit dem zweiten Anlauf bekommt er die Tür auf und lässt sich ächzend in den Sitz neben mir sinken.

»Naause ...!«

Diese Gesprächseröffnung wird von mir in der Regel mit der Replik »Zu Ihnen oder zu mir?« gekontert, worauf meistens rasch die Bekanntgabe einer Adresse erfolgt. Das Ziel ist ein ziemlich außerhalb gelegener Stadtteil mitten im Wald, mit der bereits aufgelaufenen Wartezeit schätze ich den Preis der Fuhre auf circa 35 Euro. »Na, lohnt sich ja wenigstens«, denke ich noch und fahre los.

Mein Beifahrer startet einige Kommunikationsversuche (»Endlich mal 'n netter Fahrer …«; »Bist du Deutscher, du siehst so türkisch aus!«; »Schon lange unterwegs heute?«), das Sprechen bereitet ihm aber zunehmend Schwierigkeiten.

Ich antworte recht einsilbig, denn ich habe heute keine Lust auf die immer gleichen Stereotypen und Klischees. Besonders das mit dem »Türken«. Zugegeben, ich habe einen ziemlich dunklen Teint. Dazu kommt ein gestandener Zehn-Tage-Bart, verbunden mit einer ultrakurzen Maschinenschnittfrisur, welche mir seit langer Zeit meine Frau schert. Sogar Kollege Olaf meinte einmal, ich sehe aus wie »der Muezzin oben auf dem Minarett«.

Aber muss ich deswegen jedermann Rechenschaft über meine Nationalität ablegen? Meistens antworte ich in diesem Fall: »Ich bin Hesse.«

Plötzlich ertönen Schnarchgeräusche neben mir. Wieder einmal erweist sich mein Prinzip, niemals mit einem »Naausse« oder »immer geradeaus!« loszufahren, als goldrichtig. Denn mit korrekter Adressangabe kriege ich ihn wenigstens bis vor seine Haustür, wo er einfacher wach zu bekommen ist als während der Fahrt. Sobald ich nicht mehr am Steuer sitze, kann ich ihn nämlich kräftig schütteln. Außerdem, schlafend verschont er mich mit seinen Alkoholweisheiten. Gut gelaunt stelle ich die Musik lauter und brause durch die nächtlichen Straßen der Stadt.

Die Adresse ist schnell gefunden, gerade in den Außenbezirken leistet heutzutage ein Navigationssystem gute Dienste, und ich mache mich an die Aufgabe, meinen bezechten Fahrgast wach zu kriegen.

»So, mein Herr, wir sind da – das macht dann dreiunddreißig Euro sechzig.«

Ein pfeifender Schnarchlaut erfolgt als Reaktion. Hier muss ich Hand anlegen. Einmal kräftig an der Schulter geschüttelt, kommt er schnell zu sich, gähnt und meint: »Ss ginng aba fixx … wssabbich ssu zahlen?«

»Dreiunddreißig Euro sechzig, bitte.«

Es kommt nun zum krönenden Finale: Er wühlt in sämtlichen Hosen-, Jacken- und Manteltaschen, und ein Wust von Utensilien, nämlich Feuerzeug, Zigaretten, Schlüsselbund, Handy, Geldscheine und vor allem Münzen, prasselt auf den Wagenboden.

Selbstverständlich bin ich behilflich, da es sonst bis nach Sonnenaufgang dauern würde, und lese das ganze Zeug wieder vom Boden auf.

Er drückt mir zwei Zwanziger in die Hand. »Sstimmt sso, war 'ne jute Fahrt jewesen.«

Es ist jetzt wesentlich schwieriger, ihn aus dem Auto herauszubugsieren, als ihn hineinzusetzen; mit drei Anläufen und meiner stützenden Hand gelingt es schließlich.

Als ich am nächsten Morgen mein Auto aussauge, finde ich natürlich prompt seine Kreditkarte unter meinem Sitz.

Wenn ich von den Nachtschichten erzähle, fragen viele: »Bestimmt haben dir schon viele ins Auto gekotzt?«

Meine Erfahrung ist allerdings nicht so dramatisch. Ganz am Anfang meiner Karriere ist es mal passiert, es war ein amerikanischer GI. Dieser war schon ziemlich abgefüllt und kam mit einem riesigen Stück Pizza in mein Auto, welches ihn bald wieder verließ und an der Innenseite der Tür landete.

Ansonsten habe ich durchaus erfolgreiche Vermeidungsstrategien parat. Als präventive Maßnahmen helfen hier: genaues Einschätzen der Situation und des körperlichen Zustandes des Fahrgastes sowie die rechtzeitige Anweisung, das Fenster zu öffnen und im Falle des Falles den Kopf aus dem Auto zu hängen. Eine Außenseite voll Erbrochenem reinigt sich nämlich ungleich leichter, als wenn man die Suppe aus dem Wageninneren kratzen muss. Überhaupt: Wenn sich jemand im Auto übergibt, kann man den Rest der Schicht getrost vergessen. Es würde kaum noch jemand bei mir einsteigen, zudem stehen mir in so einem Fall stundenlange Reinigungsarbeiten bevor, bis das Taxi wieder beförderungstauglich ist.

Wenn der Fahrgast allerdings dem Koma näher ist als dem Bewusstsein, darf man keine Scheu haben, die Fahrt abzulehnen und beim Wirt oder bei der Begleitung auf der Anforderung eines Notarztwagens zu bestehen.

Neben dem gerade beschriebenen Problem der Alkoholleichen gibt es noch ganz andere, »heikle« Fahrten, die einem nachts Nervenkitzel und das gewisse Rock-'n'-Roll-Feeling bescheren. Wie schon erwähnt, finden die allermeisten Überfälle auf Taxifahrer während des Nachtdienstes statt. Es empfiehlt sich also, sich seine Fahrgäste doppelt genau anzuschauen, am besten schon, bevor man sie einsteigen lässt. Ich würde zum Beispiel nachts um eins drei winkende Männer in Neukölln glatt stehen lassen. Denn traurig, aber wahr: Vorsicht ist hier die beste Lebensversicherung.

Manchmal ist es aber gar nicht so einfach mit der Einschätzung des Kunden, wie der GI beweist. Am Anfang meiner Taxikarriere bin ich in Darmstadt gefahren. In der rund 140 000 Einwohner zählenden Stadt lebten damals rund 10 000 US-Soldaten, verteilt auf drei Kasernen. Eines Abends, gegen 23 Uhr, stieg mir – ich wartete gerade vor einer dieser Kasernen auf Kundschaft – ein GI in Zivil zu. Als Fahrtziel gab er sehr vage irgendetwas wie »outside, Odenwald« an. Näheres war ihm nicht zu entlocken. Da ich schon sehr lange auf Kundschaft gewartet hatte an diesem Abend, freute ich mich auf eine gute Fuhre, missachtete meine eigene Regel, dass man nie ohne genaue Adressangabe losfahren sollte, und startete in die von ihm angegebene Richtung.

Bald waren wir aus der Stadt heraus und an den Ausläufern des Odenwalds angelangt, welcher unmittelbar hinter der Stadtgrenze beginnt. Über dunkle Straßen ging es immer tiefer in die Wälder hinein, und mir wurde langsam mulmig. Als wir ein Hinweisschild mit der Aufschrift »Melibokus« passierten, wies mein seltsamer Kunde mich an, dem Schild zu folgen. Jetzt brach bei mir die helle Panik aus. Der Melibokus ist nämlich nichts anderes als der zweithöchste Berg des Odenwalds.

Es war eine schmale Serpentinenstrecke, der wir folgten. Noch hatte ich Hoffnung, dass hinter irgendeiner Kurve vielleicht doch noch ein Anwesen auftauchen würde, doch vor uns und hinter uns lagen nur der Wald und die Dunkelheit.

Unaufhaltsam näherten wir uns dem Gipfel, mir sträubten sich die Nackenhaare. Im Geist spielte ich schon Selbstverteidigungsstrategien durch und wie ich mich im Bedarfsfall am besten aus dem Wagen fallen lassen könnte. Die Zentrale hatte ich schon längst mit dem vereinbarten Codewort für eine heikle Fahrt informiert, sie fragte mich unablässig nach meinem Standort.

Nach einer letzten Biegung tauchte auf einmal das Gipfelplateau auf – und mit ihm die Funkstation der US-Army. Der GI zahlte mit einem süffisanten Lächeln im Gesicht und gab ein großzügiges Trinkgeld. Wahrscheinlich hatte er die Nummer schon des Öfteren durchgezogen und genoss den Anblick des Angstschweißes im Gesicht des Taxifahrers. Meine mangelnde Ortskenntnis hatte in der Tat für einen gehörigen Adrenalinschock gesorgt.

Drugs und Rock ’n’ Roll hatten wir schon, fehlt jetzt nur noch der Sex bei den Nachtschichten – hier kommt er! Um gleich mit gewissen Missverständnissen aufzuräumen, will ich vorwegnehmen, dass es hier nicht um die Verführung des Kutschers durch einen attraktiven weiblichen Fahrgast geht. Ich denke, derartige Geschichten gehören zum Fundus der Urban Legends, obwohl es hier und da tatsächlich schon einmal vorgekommen sein mag. Nein, das Sexuelle in einer Taxi-Nachtschicht wird in der Regel durch die Prostituierten abgedeckt.

Viele männliche Fahrgäste (ich habe bis jetzt jedenfalls noch keinen weiblichen gehabt) lassen sich von uns in ein »Etablissement« bringen (»Sie wissen schon …«). Der geschäftstüchtige Kutscher steuert natürlich diejenigen Clubs an, welche dem Fahrer ein »Kopfgeld« versprechen. Das können 10 oder auch 20 Euro pro Nase sein, manchmal noch mehr, die eine Reihe von Clubs den Taxifahrern auszahlen, wenn diese ihre Fahrgäste bei ihnen abliefern. Leicht verdientes Geld für unsereinen. Solche Etablissements sprechen sich natürlich in Windeseile herum bei den Kollegen, die Gäste wissen in der Regel nichts davon.

Am Ziel wartet der Fahrer diskret eine gewisse Schamfrist ab, nachdem der Kunde durch den Eingang verschwunden ist, füllt eine Quittung aus und begibt sich zum Empfang, um seine Belohnung entgegenzunehmen. Mein Kollege Olaf hat einst einmal mehr Kopfgeld in einer Schicht verdient, als Umsatz auf seiner Uhr war.

Auch die Damen des horizontalen Gewerbes fahren sehr gerne mit uns. Vor allem diejenigen, deren Aufzug die Benutzung eines anderen Verkehrsmittels verbietet.

So wurde ich einmal zu einer Polizeiwache beordert. Dort angekommen, öffnete sich die Eingangstür, und ein Beamter kam in Begleitung einer nicht mehr ganz jungen Dame heraus. Diese Dame trug buchstäblich gar nichts mehr am Leib und war in eine Decke gehüllt, welche ihr von der Polizei großzügig zur Verfügung gestellt worden war. Der Polizist erzählte mir, sie sei von einem Freier überfallen worden, welcher ihre Handtasche und sämtliche Kleider geraubt habe. Sie wohnte etwa 20 Kilometer weit weg, das Fahrgeld bekam ich vorab auf der Wache. An ihrer Adresse angekommen, einem Hochhaus, raffte sie ihre Decke zusammen und steuerte tapfer den Eingang an, aus dem ihr (es war 6.30 Uhr) bereits die ersten Nachbarn entgegenkamen.

Ein ganz anderes Kaliber war die Hure, die ich einmal gegen 7 Uhr winkend in Schöneberg an der Straße vorfand. Eigentlich wollte ich schon Feierabend machen, aber als Taxifahrer kriegt man mitunter den Hals nicht voll und findet schwer ein Ende, vor allem, wenn überall die Fahrgäste herumstehen.

Die Dame ließ sich auf den Sitz neben mir fallen und wollte nach Potsdam gebracht werden. In atemberaubendem Stakkato erzählte sie mir den Grund ihrer Fahrt: Ein Freier habe sie dort zum Frühstück zu sich eingeladen, sie finde ihn echt süß, sei richtig verliebt und denke, dass daraus vielleicht etwas werden könne.

Während sie sprach, wirkte sie so hektisch und nervös, dass mir schwante, dass hier etwas nicht ganz stimmen konnte. Der Grund offenbarte sich mir dann auch bald:

Sie öffnete die Handtasche und holte ihre Koks-Utensilien heraus. Auf einem Taschenspiegel versuchte sie mit fahrigen Bewegungen, eine Linie zu ziehen, was ihr aber wegen ihrer zittrigen Hände misslang und buchstäblich danebenging. Das Kokain stäubte mein Taxi völlig ein. Immer weiter schnatternd schaffte sie es schließlich, dass auch etwas davon in ihrer Nase landete.

Mittlerweile in Potsdam angelangt, verließ sie plötzlich der Mut. Sie fragte mich allen Ernstes, ob ich sie nicht zu dem Typen begleiten wolle – ich als Anstandswauwau für eine zugedröhnte Prostituierte! Ich lehnte also dankend ab, redete ihr aber noch aufmunternd zu und wünschte ihr alles Gute.

Heilfroh, sie endlich aus dem Auto zu haben, fuhr ich erleichtert nach Berlin zurück.

Am nächsten Tag hatte ich alle Hände voll zu tun, das Taxi zu säubern, es sah aus wie in einer Backstube.

Ein betrügerischer Fahrer auf dem Weg ins Jenseits: meine besten Taxi-Geschichten (Teil I)

Merkwürdige Hochbetagte, verwirrte Touristen, pinkelnde Betrunkene, überforderte Zentralisten, zu Tode erschrockene Kollegen – sie alle sorgen dafür, dass der Alltag des Taxifahrers stets spannend und unterhaltsam bleibt. Vorhang auf für einige der nettesten, merkwürdigsten und skurrilsten Erlebnisse aus meiner täglichen Praxis:

Die Methusalinen im Folgenden überraschten mich jede auf ihre Weise. Ob mit Wortkanonaden, Walzereskapaden oder überraschenden gesellschaftspolitischen Aktivitäten: Diese Neunzig- bis Hundertjährigen standen noch voll im Saft:

Filibuster

Die Dame, die ich beim Orthopäden abholte, war 92 und nicht mehr ganz so gut beieinander. Das hinderte sie aber nicht daran, mir während der gesamten Fahrt, fast ohne Luft zu holen, ihre gesundheitliche Verfassung näherzubringen, die offensichtlich nicht mehr die aller beste war: »Diekniewollenedmehrsodelinkemeniskusis kabuddschunnseitverrzehjohrdedokterwolldgernobbe riernawwerdohäddichsechswocherumsitze misseawwe richkannnedstillsitzeichmussimmerwasmacheichbutzheu tnochmeiwohnungisjaaafachichhablinoleumunnkaande ppichbisvordreizehjohrmitfastachzischhabichnochmei fenstergebutzd.«

Glücklicherweise war die Fahrt nur etwas über einen Kilometer lang.

Wiener Walzer

Die nächste Dame, die ich beim Hörgeräteakustiker abholte, war rekordverdächtige 98 Jahre alt. Dabei sah sie keinen Tag älter aus als 80. »Nur noch vier Prozent Sehkraft, und hören tu ich auch nichts mehr, aber mit dem Gerät geht's noch ganz gut!«

Während der Fahrt erzählte sie mir, wie sie an ihrem 98. Geburtstag Wiener Walzer getanzt habe. Zu Hause sollte ich ihr lediglich »bei der Treppe helfen« – mache ich doch gerne!

Die Treppe entpuppte sich als 2. Etage, insgesamt 56 Stufen. Wenn ich daran denke, wie ich selber zu Hause in den dritten Stock hochschnaufe, kann ich davor nur den Hut ziehen.

Die Erleuchtung

Etwa zwischen 90 und 100 muss die Dame gewesen sein, die ich im Westend einlud. Mit ihrem Fahrtziel forderte sie mich gleich auf intellektuell höchst anspruchsvolle Weise: »Ich muss zum Bürgerhaus.«

»Verehrteste, in Frankfurt hat fast jeder Stadtteil ein

Bürgerhaus, da müssten Sie schon etwas genauer werden.«

»Ins Bürgerhaus ... Bürgerhaus ... Ach, ich komm nicht mehr drauf. Aber wenn wir in der Nähe sind, kann ich es Ihnen genau sagen!«

»Das ist ja gerade das Problem, die Nähe von was?«

Einige Minuten fuhr ich so dahin, fieberhaft überlegend, welches Bürgerhaus denn das wahrscheinlichste wäre. Da schoss es plötzlich aus ihr heraus: »Arnsberger Straße!«

»Oh, die Arnsburger Straße ... Das ist das Bürgerhaus Bornheim.«

»Genau!«

Am Ziel angelangt, fragte ich sie noch, ob sie im Restaurant zu Mittag essen wolle.

»Nein, ich gehe auf eine Sitzung des Hausfrauenverbands.«

Nur Betrüger im Taxi

Man glaubt es kaum, aber wohl seit fünfzig Jahren das erste Mal in einem Taxi saß diese Seniorin:

»Wo ist denn hier die Taxi-Uhr?«, fragte die alte Dame misstrauisch.

»Hier im Spiegel«, beeilte ich mich zu sagen, stolz, auf mein neuestes Gimmick zu verweisen.

»Warum sind denn da schon zwei Euro drauf?«

»Ja, was haben Sie denn gedacht, dass die Uhr mit null startet?«

»Ja.«

»Eine Taxi-Uhr, die mit null startet, hat es in den letzten hundert Jahren aber garantiert nicht gegeben, man nennt dies die Anfahrtspauschale.«

»Na, ich werde es ja auf der Rückfahrt merken, ob das alles stimmt.«

Nun zu zwei Damen, die zu tief ins Glas geschaut haben – nicht minder erzählenswert:

Zu früh

Schon reichlich angeheitert waren die beiden Damen mittleren Alters, die ich von einer Pizzeria abholte.

»Zum Friedhof Westhausen!«

Ich konnte mir die Bemerkung nicht verkneifen: »Jetzt schon?«

»Nein, nein, wir wollen nachher wieder zurück (kicher, kicher, glucks).«

Ein Opfer der Fußballweltmeisterschaft aus der Abteilung »Kuriose Verletzungen«:

Sportunfall

Schwer an der Schulter eingegipst bestieg ein über 60-Jähriger mein Taxi.

»Ich bin beim Fußball gestürzt …«, hob er an.

Schon wollte ich ihm zu seiner Rüstigkeit gratulieren, da kam hintendrein: »… beim Jubeln …«

Auf der Fan-Meile beim Torschrei hinten runtergefallen – auweia!

Nein, für das Innenleben meines Taxis interessiere ich mich wirklich nicht über die Maßen. Schließlich bin ich Taxifahrer und kein Kfz-Mechaniker, auch wenn das manche vielleicht verwechseln mögen:

PS, Watt?

Eine häufig von den Fahrgästen gestellte Frage lautet: »Wie viel PS hat denn eigentlich der Wagen?«

Ich muss dann regelmäßig passen, weil mich das, ehrlich gesagt, nicht die Bohne interessiert; mein technisches Interesse an Autos sogar äußerst überschaubar ist. Überhaupt ist es verwunderlich, dass die meisten Leute davon ausgehen, nur weil man Taxi fährt, müsse man ein Autofreak sein. Oder fragt jemand den Straßenbahnfahrer, wie viel Watt sein Motor bringt? Hauptsache, die Kiste läuft, wenn nicht, kommt sie in die Werkstatt.

Über den Aha-Effekt bei Vertretern gewisser Randsportarten:

Turnerwunsch

Eine Dame wollte vom Flughafen Frankfurt zum Deutschen Turnerbund (DTB), der in der Nähe der anderen Sportverbände, wie etwa dem DFB, in der Umgebung des Stadions angesiedelt ist. Als wir dem Ziel näher kamen, rief sie: »Wow, gehört das alles zum Deutschen Turnerbund?«

Ich: »Wir wollen mal nicht übertreiben. Das ist die Commerzbank-Arena.« (Das Stadion, in dem meine geliebte Frankfurter Eintracht ihre Heimspiele austrägt.)

Als wir dann bei der überschaubaren Unterkunft des DTB vorfuhren, schaute sie dann doch etwas betreten drein.

Was lehrt uns die nächste Story? Entleere dich tunlichst nicht vor dem Auge des Gesetzes:

Pinkelpause

Ein Fahrgast erzählte mir, dass er im Kölner Hauptbahnhof einmal gegen Mitternacht recht angeheitert auf den letzten Zug nach Hause gewartet hatte. Einem plötzlichen dringenden Bedürfnis nachkommend, pinkelte er auf den Bahnsteig. Allerdings bekamen dies ein paar Bundespolizisten mit, die gerade dort Streife liefen. Der Pinkler wurde zur Wache mitgenommen, zwecks Aufnahme der Personalien, verpasste so seinen letzten Zug und musste für 200 Euro mit dem Taxi nach Hause fahren.

Fazit: Nach dem Feiern ein günstiges Zimmer genommen, wäre bequemer und billiger gewesen.

Wer zieht meistens die Nieten aus dem Lostopf des Schicksals? Natürlich meine Wenigkeit:

Lotterie

Schon wieder bei der Taxilotterie verloren. Zwei Wagen waren bestellt, ich war der pünktlichere, der sauberere, der neuere, der schnellere Wagen usw., usf. – der Kollege bekam den Airport und ich die 5-Euro-Fahrt.

Mein Fahrgast bemerkte: »So etwas gleicht sich in der Statistik immer wieder aus.«

Wahre Worte, aber ein schwacher Trost in diesem Moment.

Einer der seltenen Momente, wo ich auch einmal Glück hatte:

Her mit dem Fett!

Fettglasur, noch dazu in größeren Mengen, finde ich eigentlich recht unappetitlich. Wenn diese aber von einer jungen Italienerin aus der Emilia Romagna an hiesige Groß-Bäckereien verkauft und mit meinem Taxi von Frankfurt nach Ladenburg gebracht werden soll, habe ich doch schlagartig nichts mehr dagegen. Eine Fahrt von immerhin 80 Kilometern.

Als Sahnehäubchen gab es noch eine zweistündige Wartezeit obendrauf, die in dem bezaubernden Städtchen wie im Fluge verging, bevor wir nach Karlsruhe-

Durlach weiter fuhren. Ein rundum gelungener Tag: Ich habe eine nicht unbeträchtliche Stange Geld verdient und konnte das sogar mit der Besichtigung diverser touristischer Highlights verknüpfen. Meistens klappt ja leider nur eines von beiden, wenn überhaupt.

Es gibt gewisse anatomische Besonderheiten, da nützt auch das bequemste Taxi nichts:

Kurze Beine

Mit meinem VW Touran, den ich eine Zeitlang fuhr, habe ich bei Gehbehinderten nur beste Erfahrungen gemacht: Viele lobten die Sitzhöhe, bequem zum Einsteigen, im Gegensatz zum Mercedes, bei dem man »wie in eine Kiste plumpst«.

Diese Frau aber, die mit hilfesuchendem Blick an meiner Beifahrertür stand, hatte derart kurze Beine, dass ich sie hineinheben musste!

Entfesselung

Ich kann mich eigentlich an nur einen Fahrgast erinnern, der Probleme mit dem Einsteigen in meinen Opel Zafira (mit erhöhtem Sitz, was eigentlich bequem sein soll) hatte. Es handelte sich um eine junge Dame mit extrem engem Rock. Der Rock fesselte ihre Beine buchstäblich aneinander, so dass sie darin ihren Fuß einfach nicht hoch genug heben konnte, um über die Trittkante zu gelangen. Meine gutgemeinten Ratschläge, es doch wie ihre älteren Geschlechtsgenossinnen, der Etikette ehrerweisend (»Mit dem Hinterteil zuerst hinein und dann die Füße nachziehen!«), zu versuchen, verhallten ungehört.

Schließlich packte sie beherzt zu, öffnete ihren Rock und schob ihn hoch – mit der neugewonnenen Beinfreiheit klappte der Einstieg nun mühelos. Natürlich schaute ich – Kavalier, der ich nun einmal bin – diskret zur Seite …

Wie sagte meine Oma immer: »Wer schön sein will, muss leiden.« – Und manchmal nackte Tatsachen sprechen lassen, um ans Ziel zu gelangen.

Wer hat die Kinder so versaut? In der folgenden Geschichte weiß man nicht genau, ob die Eltern oder die Kita die Verursacher sind:

Antiautoritär

Ein Banker brachte seine zwei Kinder, ein circa fünfjähriges Mädchen und einen etwa zweijährigen Jungen, mit meinem Taxi in die Kita und fuhr anschließend zur Arbeit.

Beim Einsteigen rief das Mädchen »Scheiß-Taxi«, und das gleich dreimal. Während der Fahrt erzählte es munter drauflos, wobei in jedem Satz mindestens zweimal das Wort »Scheiße« vorkam. Der Vater war ungehalten und drohte, sie bekäme zu ihrem bevorstehenden Geburtstag keine Geschenke.

Nun ja, wahrscheinlich war in dem Fall wirklich die Kita schuld, schließlich hat sich der Vater immerhin bemüht.

Ach ja, früher war alles anders: meteorologische Merkwürdigkeiten:

Jeder friert, der Main nicht

»Und einmal sind wir über den zugefrorenen Main zur Schule rübergelaufen!«, erzählte mir eine ältere Dame, die ich zum Arzt fuhr. Ich schaue auf mein Thermometer: minus acht Grad. Der Main, an dem wir gerade entlangfuhren, machte überhaupt keine Anstalten, auch nur einen Eiskristall zu bilden, geschweige denn zuzufrieren. Fröhlich strömt und strudelt er durch die Stadt.

Der Einwand mit den Chemikalien kommt mir in den Sinn, aber sagt man nicht, dass in den letzten Jahrzehnten unsere Flüsse wieder viel sauberer geworden sind, sich gar Fischlein darin tummeln, die man schon ausgestorben wähnte?

Ich habe ansonsten keine Idee, wieso das Flüsschen nicht mehr zufriert. War die Kälte früher kälter?

»Es geht nicht so weit ...«: das leidige Kurzstrecken-Thema

Eigentlich gibt es nichts Schöneres als Kurzstrecken. Man hat den Fahrgast schnell wieder aus dem Auto und ist bereit für den nächsten; die Ausbeute ist hier wegen der Grundgebühr pro Kilometer am größten; man muss keine längeren Strecken leer zurückfahren – wir müssten die Kurzfahrten eigentlich lieben.

Wenn, ja wenn wir Taxifahrer in Manhattan wären. In New York ist die Taxikultur eine andere als bei uns. Das Taxi wird viel häufiger genutzt, Taxi fahren ist auch preiswerter als in Deutschland. Die Taxis dort stehen so gut wie nie an Halteplätzen, sie fahren einfach durch die Straßen – spätestens am übernächsten Block wartet ein neuer Fahrgast. Der Taxifahrer in Manhattan fährt die lange Tour zum JFK-Airport, womöglich noch in der Rushhour, eher ungern, weil er in der Zeit, die er für den Hin- und Rückweg benötigt, eine Menge Kurzstrecken fahren kann, die in der Summe deutlich mehr ausmachen.

Hier ist das ganz anders: Obwohl in Berlin schon viel mehr Fahrgäste winkend an der Straße stehen als in anderen deutschen Städten, ist die Anzahl doch bei weitem zu gering. Die Fahrgäste werden immer seltener am Straßenrand aufgenommen, sondern nach einer immer länger dauernden Wartezeit am Taxistand. Bei immer weniger Fahrgästen muss natürlich der Durchschnitts-Umsatz pro Tour so hoch wie möglich sein, sonst sinkt der Verdienst ins Bodenlose. Deswegen sind Kurzfahrten am Halteplatz auch so unbeliebt.

Die Rechtslage ist eigentlich ganz klar: Als Taxifahrer habe ich eine Beförderungspflicht. Das bedeutet, jede Fahrt muss durchgeführt werden, ich habe gar nicht die Möglichkeit, sie abzulehnen. Dies wissen viele Kunden gar nicht, und deshalb lassen sie sich einschüchtern und abweisen. Aber das Gesetz ist eindeutig: »Auch wenn das Fahrtziel um die Ecke liegt, Taxifahrer dürfen Fahrgäste nicht abweisen. Auch wenn der Fahrgast viel Gepäck hat, ist das kein Grund, die Fahrt abzulehnen. Andernfalls droht ihm ein Bußgeld« *(Oberlandesgericht Düsseldorf, Az.:* 5 *Ss* OWI 91/96*).*

Aber das ist natürlich leichter gesagt als getan. Ich stehe durchschnittlich 45 bis 60 Minuten am Taxistand, bis ich besetzt bin. Anders gesagt, ich habe im Moment circa 1,2 Fahrgäste pro Stunde. Eine Kurzfahrt definiere ich jetzt einmal als eine Tour unter sieben Euro. Wenn der »ganze« Fahrgast eine Kurzfahrt macht, wird es schon prekär: Der Umsatz sinkt auf unter zehn Euro, wohlgemerkt der Umsatz, nicht etwa der Stundenlohn!

Deshalb reagieren viele Kollegen unwillig, wenn sie nach einer Stunde Wartezeit eine kurze Tour abbekommen. Ich bemühe mich stets, die Contenance zu bewahren, und bediene auch diese Kunden freundlich und zuvorkommend, so wie ich mich stets bemühe, servicebewusst und kundenorientiert zu arbeiten. Aber vielen

Kollegen ist hier eben das Hemd näher als die Hose, und zugegeben, manchmal fällt es schon schwer, die Enttäuschung zu überspielen, wenn im Kopf der Stundenlohn ausgerechnet wird. An dieser Stelle muss einmal erwähnt werden, dass auch angestellte Fahrer lediglich eine Umsatzbeteiligung bekommen und keine Bezahlung nach der Arbeitszeit, Stundenlöhne gibt es nur in kleineren Städten und Landkreisen.

Ich stelle beim Thema Kurzstrecken folgende Überlegung an: Nicht die ohnehin schon rar gewordenen Kunden, die mit uns fahren, sollte der Unmut treffen. Gebärden wir uns unwirsch und verprellen diese auch noch, stehen wir noch länger an den Halteplätzen. Tatsache ist doch, dass die Wartezeiten immer länger werden. Lassen wir es zu, dass unser Ruf vollends ruiniert wird, und noch dazu von uns selbst, können wir Taxifahrer gleich aufgeben. Wir sollten also die Kurzstrecke als eine Art Werbung für das Transportmittel Taxi verstehen.

Dabei wird in Berlin schon seit vielen Jahren etwas für die Leute getan, die es nicht so weit haben. Nur in dieser Stadt gibt es den sogenannten Kurzstreckentarif, mit dem man für 4 Euro zwei Kilometer weit fahren kann. Er gilt aber nicht am Taxistand, sondern nur, wenn man ein vorbeifahrendes Taxi heranwinkt, weswegen er auch »Winkemann-Tarif« genannt wird. So will man die Kurzstreckenfahrer vom Taxistand wegbekommen, was wiederum den Fahrern nützt, die lange Wartezeiten in Kauf nehmen. Eigentlich eine klassische Win-win-Situation – aber die traurige Wahrheit ist: Mehr als ein bis zwei Fahrten dieser Art pro Woche (ja, Sie haben richtig gehört!) bekomme ich nicht, obwohl zwei Personen damit in jedem Fall günstiger fahren als mit U-Bahn oder Bus.

Verständige Fahrgäste gehen mit ihrer Kurztour am Halteplatz zum letzten Wagen, um dem ersten noch eine Chance auf eine längere Fahrt zu lassen. Ich wünschte, alle würden so mitdenken! Leider sind manche Fahrgäste von gewissen Kollegen dermaßen eingeschüchtert, dass das folgende Erlebnis gar nicht so selten ist:

Vor langen Jahren, als ich noch mit Funk fuhr, bekam ich einmal einen Auftrag über die Zentrale. Auf dem Auftrags-Display stand unter der Adresse, wo ich den Fahrgast abholen sollte, noch der Hinweis »Kurzfahrt«.

Oops, das hatte ich bisher noch nie gehabt. Ist in der Zentrale plötzlich der Sadismus ausgebrochen, fragte ich mich. Soll dem Fahrer mit teuflischer Lust bereits auf dem Weg zum Fahrgast jede Zuversicht genommen werden?

Am Haus angekommen, kam mir schon der Kunde samt seiner 94-jährigen Mutter im Schlepptau entgegen: »Hat Ihnen die Zentrale das mit der Kurzfahrt gesagt? Wir wollten nicht schon wieder beschimpft werden.«

Offensichtlich gibt es also Kollegen, die ihren Frust nur zu gerne an denen auslassen, die uns bezahlen.

Wie gesagt, natürlich ärgert man sich meistens über kurze Strecken, aber einmal war es mir richtig peinlich. Eine Dame, die ich ebenfalls nur ein paar Straßen weiter fahren sollte, entschuldigte sich die ganze Fahrt über bei mir für diese Tatsache. Am Ziel zeigte das Taxameter

4,20 Euro, woraufhin sie mir einen Zehner gab. Beides, das satte Trinkgeld und all die Entschuldigungen, war eindeutig übertrieben.

Eine andere ältere Dame hatte eigentlich auch nur eine relativ kurze Strecke vor sich. Sie wollte zum Friseur, was ein Klassiker unter den Kurzfahrten ist. Als ich das Ziel auf direktem Wege ansteuerte, rief sie: »Ach, fahren Sie doch hinten über den Bahnhof, sonst verdienen Sie ja überhaupt nichts!«

Diese Strecke war circa einen Kilometer länger. Ja, so etwas gibt es auch, und mir hat es damals eindeutig den Start in den Tag versüßt.

In der Bankenstadt Frankfurt gibt es eine ganz bestimmte Bank, wo mit tödlicher Sicherheit so gut wie jeder Gast zum Hauptbahnhof fährt, das ist eine Tour von sechs bis sieben Euro. Die deterministische Konsequenz ist, dass der Betroffene Taxifahrer gleich nach Empfang des Funkauftrages in ein Tal tiefster Hoffnungslosigkeit fällt.

Eines schönen Nachmittags war es wieder einmal so weit. Wie ein Verurteilter fuhr ich mit hängenden Schultern bei der Bank vor, in demütiger Erwartung des Auftrags. Der Fahrgast stieg ein.

Ich: »Darf ich raten? Zum Bahnhof.«

Kunde: »Nein, zum Flughafen!« (allesüberdenhaufenschmeißtiefluftholundgasgeb …).

In puncto Flughafen und Bahnhof gibt es noch ganz andere merkwürdige Zusammenhänge, welche kein besonders gutes Licht auf die Emanzipation im Geschäftsleben werfen.

Meine zugegebenermaßen arg subjektiven Beobachtungen hinsichtlich des Geschlechts und des Fahrtziels ergaben eine signifikante Korrelation zwischen Frau/Bahnhof und Mann/Flughafen.

Mit anderen Worten: Wann immer ich eine für viele Fahrgäste bekannte Adresse anfahre, geht es mit großer Wahrscheinlichkeit zum Flughafen, wenn der Fahrgast männlich ist, und mit genauso großer Wahrscheinlichkeit zum Bahnhof, wenn er weiblich ist. Da nun ja statistisch gesehen die Herren nicht immer weit weg reisen (Flugzeug) und die Damen nicht immer nur Nahziele haben (Zug), stellt sich mir die Frage, ob im Wirtschaftsleben die Frauen immer noch derart diskriminiert werden?

Ein Detail, das ich in Frankfurt übrigens am meisten zu schätzen gelernt habe, ist der Kurzstreckenautomat am Flughafen: Bekommt man einen Fahrgast zu bestimmten Nahzielen in Flughafennähe, zieht man sich ein Ticket und darf sich wieder vorne anstellen, wenn man innerhalb von 15 Minuten wieder zurück ist. Dies baut eine Menge Stress ab: beim Fahrer, dem nach zweistündiger Wartezeit bei einer Fahrt zum Airport-Hotel nicht mehr der Nervenzusammenbruch droht; und beim Fahrgast, der sich keine jammervollen Tiraden mehr über verhungernde Kinder in einer armseligen Kate mehr anhören muss.

Aber alles wäre natürlich zu schön, wenn wir durch

diese Regelung nicht ein neues Problem an der Backe hätten: Man muss unbedingt in 15 Minuten wieder zurück sein! So sollen Kollegen schon in der letzten scharfen Kurve vor dem Terminal von der Leitplanke gekratzt worden sein.

Ein Buch mit sieben Siegeln: die StVO

Als Taxifahrer hätte ich ein recht bequemes Leben, wenn die anderen Verkehrsteilnehmer nicht wären. Wer kennt nicht das Gefühl, das einen nach einem gerade noch verhinderten Unfall überkommt? Meist fährt man munter drauflos, doch plötzlich wird man wieder unsanft daran erinnert, dass sich andere Verkehrsteilnehmer völlig überraschend verkehrswidrig verhalten können. Nie kann man sich darauf verlassen, dass der andere die Regeln beachtet. Entweder sitzen völlig überforderte Fahrer hinter dem Steuer, oder sie glauben, die Regeln wären nur für die anderen da. Aber manchmal muss man sich beim Autofahren einfach damit abfinden, dass es Leute gibt, die nicht mal eins und eins zusammenzählen können.

Was auf unseren Straßen alles so veranstaltet wird, spottet jeder Beschreibung. In den letzten Jahren ist eine zunehmende Verlotterung der Sitten im Straßenverkehr feststellbar, und die StVO wird immer mehr zu einem Buch mit sieben Siegeln. Anders als meine Kollegen von der Nachtschicht, welche feige vor den Herausforderungen und Prüfungen des Tages kapitulieren und die ruhige Idylle der Nacht bevorzugen, stehe ich jeden Tag an vorderster Front und biete todesmutig der Apokalypse die Stirn.

O.k., ich muss es natürlich zugeben: Auch wenn ich mich selbst als sehr umsichtigen Fahrer, der sich an die Regeln hält, bezeichnen würde, bin ich natürlich nicht vor Sünden gefeit. Aber Verkehrssünden begehe ich nur im äußersten Notfall, wenn sich alles gegen mich verschworen zu haben scheint. Wie zum Beispiel Berlins Ampelschaltungen. Eine grüne Welle erwartet man hier vergeblich, um die muss man sich schon selbst kümmern – allerdings muss man dazu Tempo 70 fahren. Zum Glück bringt mich der eine oder andere Schleicher meist schnell wieder auf den Pfad der Tugend zurück.

Aber das ist auch wirklich schon meine größte und, wie ich meine, noch verzeihbare Verkehrssünde. Gegen das, was mir täglich im Straßenverkehr so begegnet, bin ich wirklich ein Engel. Das Betätigen des Fahrtrichtungsanzeigers, im Volksmund auch Blinker genannt, wird zum Beispiel immer seltener. So wird fröhlich, ohne dieses lästige Beiwerk, die Spur gewechselt oder abgebogen, dass die Schwarte (beziehungsweise der Kotflügel) kracht.

Der Warnblinker dagegen erfreut sich immer größerer Beliebtheit. Ist es doch mittlerweile Usus geworden, immer und überall zu parken, am besten in zweiter Reihe, und durch den Warnblinker eine Art Ausnahmefall für sich zu beanspruchen. Nichtsdestotrotz ist sein Gebrauch zu diesem Zwecke laut StVO ausdrücklich verboten. Was auch sehr sinnvoll ist, denn eigentlich soll er ja vor einer Gefahr warnen – und eben nicht signalisieren: »Hey, mit meiner fetten Wampe ist es mir zu mühselig, einen Block weiter weg zu parken, um mir die Zeitung zu holen. Ich mach mal eben für fünf Minuten die rechte Spur zu.«

Selbst Streifenwagen sind hier ein schlechtes Vorbild. Ich habe schon mitbekommen, wie ein Polizist in zweiter Reihe seelenruhig blinkend wartete, während der Kollege Döner für zwei holte.

Das Tüpfelchen auf dem i sind die unzähligen Lieferwagen, Fahrer der verschiedenen Kurierunternehmen, die grundsätzlich nur in zweiter Reihe parken, gerne auch neben einer ansehnlichen Parklücke, in welche sie zwei Mal hineinpassen würden – nach dem Motto: »Wo kämen wir denn hin, wenn wir auch noch ein- und ausparken müssten, das zahlt uns doch keiner.«

Selbst Taxistände werden zugeparkt, wenn die Luft rein ist, das heißt, wenn sich ausnahmsweise einmal kein Taxi dort befindet. Tatsächlich ist das aber vom Einzelfall abhängig, und manchmal muss man auch wirklich kein Drama daraus machen. Als ich einmal zum Halteplatz an der Neuen Börse kam, stand dort lang und breit ein Privatwagen. Weil der Halteplatz groß genug war, habe ich nicht lang gefackelt und mich einfach dahintergestellt. Dann stieg ich erst einmal aus, um eine Zigarette zu rauchen. Minuten später kam von hinten ein Opachen angeschlurft, wohl weit über achtzig. Er zeigte auf seinen Wagen: »Möchten Sie sich da hinstellen?«

»Nö, ich habe ja Platz hier.«

»Mensch, jetzt habe ich gedacht, ich krieg gleich einen Anschiss!«

»Ist schon in Ordnung, war ja wirklich noch Platz.«
Dankbar stieg er in seine Karosse und verschwand.

Neben Nichtblinkern und Warnblinkern gibt es da noch die Standlichtfahrer. An trüberen Tagen tritt diese Spezies gehäuft auf, oft in Verbindung mit einer nicht richtig geschlossenen Fahrertür: Nur langsam tastet sich der Standlichtfahrer durch den Verkehr, vorsichtig, bedächtig, einem Maulwurf nicht unähnlich, und hält so den gesamten Verkehr auf. Morgens in der Rushhour ist das geradezu teuflisch. Ich weiß ja nicht, was im Kopf eines Standlichtfahrers genau vorgeht, sofern es sich überhaupt um eine bewusste Entscheidung handelt: Denkt er, er macht nur wenig Licht an, weil es noch nicht ganz dunkel ist? Möchte er Sprit sparen, oder will er die anderen Verkehrsteilnehmer nicht blenden? Egal, meiner Meinung nach wäre ein Auffrischungskurs bei der nächsten Fahrschule nicht unangebracht.

Das Standlicht soll, wie der Name schon sagt, das stehende Fahrzeug erkennbar machen. Offiziell heißt es »Begrenzungsleuchte«, was den Sachverhalt noch deutlicher macht: Es kennzeichnet die Abmessungen eines parkenden Fahrzeugs. Es beim Fahren einzuschalten ist schlicht und einfach verboten (§ 17[2] StVO).

Manche Zeitgenossen ergänzen ihre Standbeleuchtung übrigens noch dadurch, indem sie beim ersten Regentropfen die Nebelschlussleuchte einschalten – der geblendete Hintermann dankt recht herzlich.

Wie bei so vielen Autofahrern in der Stadt richtet sich mein besonderes Augenmerk, wenn es ums Lästern über andere Verkehrsteilnehmer geht, auf die Radfahrer. Sie fühlen sich am allerwenigsten verpflichtet, Verkehrsregeln einzuhalten. Komisch eigentlich: Sie fahren mit Karacho über rote Ampeln, ignorieren Zebrastreifen und nehmen einem munter die Vorfahrt. Als ob sie eine unsichtbare Schutzhülle um sich herum hätten! Wenn ich selbst mit dem Fahrrad unterwegs bin, achte ich noch genauer darauf, mich korrekt zu verhalten. Schließlich ist die Wahrscheinlichkeit, dass ich bei einer Kollision mit dem Leben bezahle, deutlich höher, als wenn ich mit dem Auto fahre.

In Frankfurt dürfen Radfahrer einige Einbahnstraßen auch in der Gegenrichtung benutzen, was durch ein zusätzliches Schild geregelt wird. Eigentlich eine sinnvolle Idee, gerade in Wohngebieten, in denen nicht viel Verkehr ist und wo die Straßen nicht zu eng sind. Leider führt diese Regelung dazu, dass die Radfahrer nun meinen, sie dürften prinzipiell in Einbahnstraßen in die Gegenrichtung fahren. Die Folge: In sämtlichen Einbahnstraßen kommen mir die Pedalisten von vorne nur so um die Ohren geflogen! Ein kurzer Moment der Unachtsamkeit, und man hat einen auf der Motorhaube sitzen. Manchmal nehmen sie einen sogar von links und rechts in die Zange – wenn es dann eng wird, hat man die Qual der Wahl, welchen man nun vom Sattel fegt.

Berlin ist besonders fahrradfreundlich. Hier gibt es nicht nur eine große Anzahl an Radwegen, nein, hier bieten sich auch äußerst breite Bus- und Taxispuren an. Inzwischen kann man diese Spuren kaum noch benutzen, sie haben sich in gigantische Radwege verwandelt, wo die Radler zu viert nebeneinanderfahren. Oder eines dieser Velotaxis, das mit zwei schwergewichtigen Passagieren in Schrittgeschwindigkeit vor einem herschleicht und jedes Überholen unmöglich macht.

Und egal wie viele Ampeln und Vorfahrten die Radfahrer auch missachten. Kommt man einem von ihnen nur einen Zentimeter zu nahe, hat man sofort die übelsten Beschimpfungen am Hals. Wie oben bereits erwähnt, fühlen sich Radfahrer oft unangreifbar – oder eben sofort angegriffen. Die Schuld liegt auf jeden Fall beim Autofahrer, insbesondere, wenn dieser ein Taxi fährt.

Wobei ich persönlich die alltäglichen, meist ortskundigen Radfahrer noch gar nicht so übel finde. Am schlimmsten sind eindeutig die in letzter Zeit total hippen Stadtführungen per Fahrrad. Horden von ausländischen Touristen, die vor einem herwackeln, als ob sie zum ersten Mal auf einem Rad sitzen (was wahrscheinlich bei einigen auch der Fall ist). Der absolute Höhepunkt aber sind neuerdings diese Mixturen aus Karussell und Fahrrad, wo sechs Leute fröhlich im Kreis herum sitzen und sich strampelnd vorwärtsbewegen. Diese habe ich tatsächlich auch schon in der Kneipenversion, also als radelnde Biertheke, erlebt. Was das Gesetz zu diesen Gefährten sagt, mag ich mir gar nicht erst vorstellen.

Eine bestimmte Sorte Verkehrsteilnehmer strapaziert mein Nervenkostüm besonders, wenn sie längere Zeit vor mir herfährt: die Kombination Frau am Steuer und auswärtiges Kennzeichen. Diese ist leider häufig eine Mischung aus Hilflosigkeit, Tranfunzeligkeit und Frechheit und durch nichts zu überbieten. Eines von vielen Beispielen gefällig?

Ein Wagen rollte ca. acht Meter vor mir aus der Parklücke – ohne zu blinken. Mein Fahrgast und ich bekamen einen furchtbaren Schreck, und mir blieb nichts anderes als eine unsanfte Vollbremsung übrig. Diese reichte allerdings noch nicht aus, ich musste nach links ausweichen, wobei ich in der engen Einbahnstraße den links parkenden Fahrzeugen gefährlich nahe kam. Nur Zentimeter von diesen Autos sowie dem Wagen der Verursacherin entfernt kam ich zum Stehen.

Ich warf einen bösen Blick nach rechts. Eine Frau. Was tat die Dame? Sie zeterte und schimpfte auch noch lauthals hinter ihrer Scheibe. Ich konnte nichts von dem verstehen, was sie sagte, wollte es aber auch gar nicht wissen.

Immer wieder kommt es vor, dass ich als Betroffener einer gefährlichen Situation vom Verursacher beschimpft werde. Früher hat man sich hier entschuldigt, ich halte es noch heute so.

Ein anderes Mal war ich auf der Autobahn Richtung Frankfurter Flughafen unterwegs. Ich fuhr auf der mittleren Spur, als plötzlich ein Wagen mit einem Abstand von circa 1,50 Metern vor mir von der rechten Spur einschert. Und zu allem Überfluss konnte ich noch nicht einmal ausweichen, weil die linke Spur nicht frei war. Weil ich es im Gegensatz zu dem spurwechselnden Verkehrsrowdy nicht auf einen Totalschaden abgesehen habe, habe ich scharf gebremst und erschrocken auf die Hupe gedrückt. Eine gefährliche Situation für meine zwei Fahrgäste und mich. Leider passiert so etwas ziemlich oft. Dass mir aber die Dame am Steuer beim Vorbeiziehen die Scheibenwischer-Bewegung zeigt, macht mich doch einigermaßen perplex.

Durch jahrelange Beobachtung hat sich mir übrigens immer wieder bestätigt, dass zwei Drittel der Autofahrer, die mich *nicht* in ihre Spur einfädeln lassen, weiblich sind. Vielleicht denken sie, Höflichkeit sei nur etwas für Männer?

Ich bin kein Frauenhasser, und ich bin generell auch nicht der Meinung, dass Frauen schlechter Auto fahren können als Männer. Zumindest nicht bis zur Parklücke. Ich finde, es ist kein Klischee, dass Frauen gewisse Schwierigkeiten beim Einscheren in eine Parklücke haben. In den allermeisten Fällen bin ich geduldig und warte gerne, wenn es der Sache dienlich ist. Wenn ich aber dabei zusehen muss, wie die Hübsche das Projekt mit einer Hand am Lenkrad und mit der anderen das Handy ans Ohr gepresst angeht, kommen leise Zweifel an der Zurechnungsfähigkeit gewisser Verkehrsteilnehmerinnen auf.

Dass Frauen schlecht einparken können, wurde jetzt sogar in einer internationalen Studie wissenschaftlich bewiesen. 82 Prozent der Männer, aber nur 22 Prozent der Frauen setzten ihr Auto schon beim ersten Versuch akkurat neben den Bordstein. Nicht umsonst also werden in bierseligen Runden solche Witze erzählt:

Warum gibt es in Parkhäusern heutzutage Frauenparkplätze? – Damit die Frauen beim Parken nicht die Autos der Männer beschädigen.

Wie gesagt, ich glaube nicht daran, dass Frauen beim Autofahren einen evolutionären Nachteil haben. Obwohl man immer wieder von wissenschaftlichen Studien hört, wo bewiesen werden soll, dass es dem weiblichen Gehirn am räumlichen Vorstellungsvermögen fehlt. Unsere weiblichen Ahnen mussten ja im Gegensatz zu den Männern keine wilden Tiere jagen und dann den Weg zurück zur Steinzeithöhle finden. Ein Grund, weshalb es kaum herausragende Schachspielerinnen und berühmte Architektinnen gibt?

Angeblich sehen Frauen ausgezeichnet im peripheren Bereich, sozusagen mit dem Breitband-Nahblick. Ihre Aufgabe war es einst, in der Höhle die Brut zu beobachten. Männer dagegen haben den sogenannten Jagdblick, auch Tunnelblick genannt. Das enge, lange Gesichtsfeld, ursprünglich zur Ortung der Beute entwickelt, ist im Autoverkehr recht praktisch. Männer können damit das Verkehrsgeschehen gut einordnen. Wohingegen Frauen nachts schwer einschätzen können, auf welcher Straßenseite sich entgegenkommende Fahrzeuge befinden. Dafür fallen Männer häufiger – vor allem auf dem Heimweg von der Kneipe – in ungesicherte Baugruben. Achtung: Ich gebe hier nur den derzeitigen Stand der Forschung wieder! Angewendet auf meinen Berufsstand natürlich.

Ich glaube, dass das alles ziemlicher Quatsch ist. Wahrscheinlich können Frauen nur deswegen schlechter einparken als Männer, weil sie im Durchschnitt viel weniger Fahrpraxis haben und sich weniger zutrauen. Das ist sozusagen eine selbsterfüllende Prophezeihung.

Es gibt diese Tage, an denen man gar nicht lange überlegt, ob man es nun mit Frau oder Mann am Steuer zu tun hat. An denen man von früh bis spät mit den seltsamsten Eskapaden der Verkehrsteilnehmer konfrontiert wird. Manchmal ist es tagelang vollkommen friedlich auf den Straßen, und dann kommt es an einem einzigen Tag plötzlich ganz dicke.

Ob das am Vollmond liegt? Vor kurzem fuhr auf der Müllerstraße im Wedding ein riesiger Truck auf der Spur rechts neben mir. Auf einmal zieht dieses Monstrum links rüber und droht uns zu zerquetschen. Keine halbe Stunde später biegt eine Fahrerin just in dem Moment aus ihrer Einfahrt in die Straße ein, in dem ich sie passiere.

Mir entfährt: »Ja, ist denn gerade Vollmond?«

Als ich kurze Zeit später nach Hause komme, erwartet mich meine Gattin mit einem freudigen Ruf vom Balkon: »Frank, komm her, du musst dir den grandiosen Vollmond anschauen!«

Habe ich es nicht gewusst? Leider habe ich noch keine Studie über die Korrelation von Verkehrseskapaden und Vollmond gefunden.

Ich bin sicher, dass es sich auf den Verkehr auswirkt, wenn Vollmond ist oder es besonders schwül ist. Wahrscheinlich hat es etwas mit unserer Konzentrationsfähigkeit zu tun. Viele Leute haben Kopfschmerzen und können sich schlechter konzentrieren als bei direkten Wettereinflüssen – was natürlich zu mehr Unfällen führt.

Das allergrößte Chaos gibt es aber beim Wintereinbruch. Schon komisch, dass es jedes Jahr Mitte November auf einmal schneit. So unvorhergesehen, so völlig überraschend! Wie man den Nachrichten entnehmen kann, macht der erste Schnee den Autofahrern überall mächtig zu schaffen. In Berlin, dem Zentrum der Flachlandtiroler, führt er in aller Regelmäßigkeit zum totalen Verkehrszusammenbruch, weil alle nur noch im Schritttempo durch die Straßen schleichen.

Einmal habe ich auf dem Heimweg nach einer Stunde Stop-and-go entnervt mein Taxi abgestellt, um mit der U-Bahn nach Hause zu fahren, weil ich es einfach nicht mehr aushielt.

Allerdings ist die Situation in Frankfurt auch nicht viel besser, obwohl diese Stadt ja von einigen imposanten Mittelgebirgen umzingelt ist und man deshalb meinen könnte, die Autofahrer hätten schon mal Schnee gesehen.

Umgekehrt bin ich aber auch nicht fürs Rasen. Im Gegenteil, eigentlich würde ich sogar ein generelles Tempolimit auf unseren Autobahnen befürworten. Es kann nicht angehen, dass sich auf der ganzen Welt außer Nepal (mit seinem dichten Autobahnnetz ...) nur noch Deutschland die Freiheit nimmt, jeden Potenzprotz so schnell rasen zu lassen, wie es ihm beliebt.

Ein Argument der Limit-Gegner kann ich dabei überhaupt nicht nachvollziehen: »Schnell fahren macht Spaß!« Auch ich fahre öfter mal 170 statt 130, aber nur, damit ich auf dem Weg in den Urlaub vor Einbruch der Dunkelheit ankomme, oder mit dem Taxi, um so schnell wie möglich den nächsten Fahrgast auflesen zu können. Aber Spaß?

Das Lenkrad umklammert, mit stierem Blick geradeaus, jederzeit gewärtig, dass ein Vollpfosten unmittelbar vor mir die Spur wechselt oder ein Reifen platzt – so schnell zu fahren ist für mich der pure Stress.

Das Argument »Geschwindigkeitsbeschränkung bei fließendem (und geringem) Verkehr sei unsinnig, da der Verkehrsfluss gestört würde«, klingt da vernünftiger. Warum beschließt man denn dann nicht einfach Tempo 130 von Montag bis Freitag?

Der alltägliche Wahnsinn: die drei Geißeln des Straßenverkehrs

Die Rede soll hier von den drei schlimmsten Auswüchsen des täglich aufgeführten Stückes aus dem Tollhaus, genannt »Straßenverkehr«, sein. Ich habe es den lieben langen Tag über mit allen möglichen gefährlichen Situationen zu tun, die folgenden nerven mich mit Abstand am meisten:

1. Das Nicht-Betätigen des Fahrtrichtungsanzeigers (Blinkmuffel)

Von den Nichtblinkern war im vorigen Kapitel schon kurz die Rede. Seit vielen Jahren kann man dieses Phänomen beobachten, und es wird immer schlimmer. Geblinkt wird kaum noch, höchstens wenn man der Erste an der Parklücke sein will.

Ich weiß nicht, wie viel Zeit ich schon an Kreuzungen verplempert habe, wo ich schon längst hätte einfahren können, nur weil der Dödel auf der Vorfahrtstraße plötzlich vor mir rechts einbiegt, ohne zu blinken. Zusammengerechnet käme schätzungsweise eine gute Woche Urlaub dabei heraus.

Ich habe früher einmal in der Fahrschule gelernt, wie wichtig es ist, »deutlich zu fahren« – das heißt den anderen Verkehrsteilnehmern möglichst frühzeitig sein Vorhaben kundzutun. Was man heutzutage dagegen erlebt, spottet jeder Beschreibung. Dieses Thema scheint an den Fahrschulen schon vor längerer Zeit aus dem Lehrplan gefallen zu sein. Die vorschriftsmäßigen Blinker werden immer weniger.

Was denken die sich eigentlich dabei? Wollen sie Sprit sparen oder ihre Blinker-Birnen schonen? Haben sie Arthrose in den Fingern, oder haben sie bloß keine Hand frei, weil sie gerade in ihr Handy quatschen (siehe Geißel 3)? Wird der bewusste Hebel vielleicht gar nicht mehr gefunden, weil die Autos heutzutage hochtechnisierten Raumschiffen gleichen? – Fragen über Fragen …

Mittlerweile gibt es fast mehr Nichtblinker als Blinker. Und wenn sie dann doch mal blinken, dann oft noch falsch: Auf einer nach links abknickenden Vorfahrtstraße fahren sie geradeaus und blinken rechts, oder sie folgen dieser Vorfahrtstraße und blinken gar nicht. Oder sie blinken rechts und scheren dann plötzlich nach links in eine Parklücke ein. Die ärgsten Vertreter dieser Spezies drehen zusätzlich den Spieß noch rum und blinken da, wo es gar nicht erforderlich ist, zum Beispiel vor einer Kurve ohne irgendwelche Einmündungen.

Wie von mir beobachtet, fangen jetzt sogar schon die Busfahrer an, beim Anfahren einer Haltestelle oder beim Einfädeln zurück in die Fahrspur das Blinken zu verweigern – langsam wird es kriminell!

Den Vogel abgeschossen hat vor kurzem ein Streifenwagen der Berliner Polizei, welcher auf der Stadtautobahn über zwei Fahrspuren wechselte, ohne den Blinker zu setzen – nein, nicht mit Blaulicht, sondern ganz normal.

Doch ein kleines Licht der Hoffnung blinkt (!) am Horizont: Unlängst erblickte ich den ersten Pkw (natürlich ein Taxi) mit dem Aufkleber »Blink mal wieder« am Heck.

2. Dauerlinksfahren auf der Autobahn (Linksdrall)

Typische Situation abends gegen 18.00 Uhr auf der A5 von Frankfurt in Richtung Darmstadt (hier hat die A5 vier Spuren): 60 Prozent der Autos fahren auf der äußersten linken Spur, 35 Prozent auf der dritten Spur, auf der zweiten Spur bin ich ganz alleine, auf der rechten Spur sind weit und breit nur Lkws zu sehen. Auf den beiden linken Spuren kommt es zu Kolonnenbildung, dichtem Auffahren, plötzlichem Abbremsen und allmählich zu einem Stau. Ich fahre ganz gemütlich und entspannt rechts daneben meines Weges und kann gar nicht anders, als etwas schneller zu sein, weil ich sonst dauernd bremsen müsste. In diesem Moment verstoße ich aber schon gegen die StVO, da nämlich rechts überholen auf der Autobahn verboten ist. Es gibt zwar die Ausnahmeregelung bei Kolonnenbildung, aber dann dürfte ich nur mit maximal 80 km/h vorbeifahren, was ich natürlich nicht tue.

Wieso machen die das alle? Lauern auf den rechten Spuren Gefahren wie Steinschlag, Glatteis, Schlaglöcher, Erdspalten, Wegelagerer? Steht in den Handbüchern der Neuwagen, dass beim Einfahren auf die Autobahn zügig auf die linke Spur zu wechseln ist? Will man die rechten Spuren für Einsatzfahrzeuge freihalten?

Laut StVO herrscht auf den Autobahnen das Rechtsfahrgebot, im Gegensatz zu innerstädtischen Straßen, wo man den Fahrstreifen frei wählen kann. Ich würde darauf wetten, dass ein Großteil der Autofahrer davon keine Ahnung hat. Leider wird diese Unsitte viel zu selten kontrolliert, was dazu führt, dass es auch bei drei- und vierspurigen Autobahnen immer häufiger zu Staubildungen kommt, zweispurige Autobahnen sind sowieso kaum noch zu benutzen (rechts ein Lkw in einem Kilometer Entfernung, und schon drängt sich alles andere auf der linken Spur). In Berlin auf dem Stadtring kann man geradezu lehrbuchmäßig studieren, wie man es nicht machen soll: Die rechte Spur scheint für den Berliner nur zum Ansteuern der Ausfahrt zu existieren.

3. Handy am Ohr während der Fahrt (Handywahn)

Früher konnte man sich noch darauf verlassen: Schleicht der Wagen vor einem in Schlangenlinien her, unterbrochen von unmotivierten Bremsmanövern, hatte man es todsicher mit einem Fahrer zu tun, der zu tief ins Glas geschaut hatte. Heute, zumal tagsüber, ist es garantiert ein Zeitgenosse mit Handy am Ohr. In Kombination mit auswärtigem Kennzeichen besonders penetrant. Mag sein, dass er weder den Stadtplan lesen noch sich ein Navigationssystem leisten kann und er sich gerade von der Sekretärin zum Termin dirigieren lässt. Vielleicht berichtet er auch der Gattin von der Anmut der großen Stadt. Besonders unheilig ist die Allianz mit einer Zigarette in der gleichen Hand.

Ich habe mir schon vor Jahren für ganze neun Euro ein Bluetooth-Headset bei Ebay gekauft. Angesichts dieses Preises wundert es einen doch, wie viele Pappnasen nach wie vor mit ihrem Handy am Ohr vor mir rumeiern, den Verkehr gefährden und ein fettes Bußgeld riskieren (nämlich 40 Euro sowie einen Punkt in Flensburg).

Tatsache ist, dass eine Freisprechanlage wirklich für jeden erschwinglich ist und man auch mal kurz rechts ranfahren kann, wenn man keine hat. Seine Hinterleute damit zu belästigen und am Ende noch zu gefährden, das muss wirklich nicht sein. Hier bin sogar ich ausnahmsweise mal für strengere Kontrollen.

In gar manche gefährliche Situation hat mich dieser Handywahn schon gebracht, der immer mehr um sich greift. Bei meinen Beobachtungen des fließenden Verkehrs an einer x-beliebigen Straße sind es gefühlte 30 Prozent. Selbst Radfahrer werden von mir zunehmend mit diesem Ding an der Birne gesichtet – Selbstmordkandidaten auf zwei Rädern. Wenn das Ordnungsamt nur an den wichtigsten Kreuzungen »Handy-Kontrolleure« aufstellen würde, wäre der Stadtsäckel saniert.

Ein besonders krasser Fall aus meinem Erlebnisschatz ist der folgende:

Tatort Turmstraße in Moabit. Ich will gerade nach rechts in die Beusselstraße abbiegen und begebe mich deshalb auf die rechte Spur. Plötzlich zieht ein Wagen ganz knapp vor mir rüber auf meine Spur und macht eine Sekunde später eine Vollbremsung. Mein ABS schafft es, das Taxi ca. 20 Zentimeter hinter dem Wagen zum Stehen zu bringen.

Als ich ausschere und vorbeiziehe, erkenne ich mal wieder die brutalstmögliche Gefahrenkombination im Stadtverkehr: Frau mit Handy am Ohr und auswärtigem Kennzeichen (Entschuldigen Sie, meine Damen, aber so sind eben meine Erfahrungen – soll ich lügen?). Sie plaudert angeregt und hat weder von meiner Vollbremsung noch von meinem Hupen irgendetwas mitbekommen – auch meine Fahrgäste sind fassungslos. Solche fahrenden Zeitbomben gehören aus dem Verkehr gezogen. Bußgeld für Telefonieren im Auto ohne Freisprecheinrichtung bitte auf 500 Euro anheben und die Kontrollen intensivieren!

Zum Schluss noch die Anekdote über einen Zeitgenossen, von dem meine Oma gesagt hätte: »Der hat ein Gemüt wie ein Fleischerhund.«

Abends zur Rushhour am Hermannplatz: An unserem Taxistand steht schräg, mit den Hinterrädern noch auf der rechten Spur, ein BMW, Warnblinker eingeschaltet. Weder können andere Autos neben ihm vorbeifahren noch wir Taxis uns an den Stand stellen. Als ich nachsehen will, ob es sich um eine Panne handelt, muss ich feststellen, dass der Kerl nur ein kleineres Telefonat zu führen hatte. Erst als er seelenruhig fertig gesprochen hatte, machte er Platz für den restlichen Verkehr. Nun ja, er wird sich gedacht haben: Immerhin bin ich zum Telefonieren rechts rangefahren!

Raubritter und Wegelagerer: die Klauen des Gesetzes

Ein früherer Chef von mir pflegte zu sagen: »Als Taxifahrer stehst du immer mit einem Bein im Knast.« Ganz so drastisch würde ich es nun nicht ausdrücken, aber an der Aussage ist etwas dran. In kaum einem Gewerbe wird so viel herumreguliert, gibt es so viele Kontrollen. Wer als Gegenbeispiel die Gastronomie anführt, dem sei gesagt, dass man im Gastgewerbe wenigstens noch die Preise selbst festlegen kann.

Es herrscht in der Öffentlichkeit vieler Orten noch der Irrglaube, Taxifahrer dürften sich alles herausnehmen, ja, es gäbe irgendeine Sonderbehandlung, was zum Beispiel rote Ampeln oder Geschwindigkeitsübertretungen betrifft.

Das Gegenteil ist der Fall. Bei den Berliner Taxifahrern ist schon ab sechs Punkten in Flensburg der Taxischein in akuter Gefahr. Zum Vergleich: Erreicht man als Nicht-Taxifahrer acht Punkte, wird erst einmal eine schriftliche Verwarnung an den Betroffenen versandt. 14 Punkte bedeuten nicht mehr als eine Anordnung zur Teilnahme an einer Nachschulung. Erst bei 18 Punkten wird einem der Lappen sofort entzogen.

Die Punkte sind mit Pech schnell eingesammelt, vor allem, wenn man jeden Tag acht Stunden fährt. Allein wenn man versehentlich eine rote Ampel überfährt und geblitzt wird, sind drei bis vier Punkte fällig. Ich selbst bekam Anfang der neunziger Jahre meinen Personenbeförderungsschein ein Jahr lang nicht verlängert, als ich einmal sechs Punkte hatte. Dieses eine Jahr durfte ich als Zentralist verbringen, mein Taxi fuhr ein Bekannter.

Es gibt spezielle »Mausefallen«, also großangelegte Polizeikontrollen, für Taxifahrer, bei denen der Fahrer und das Taxi genauestens überprüft werden, was schon mal eine halbe Stunde dauern kann.

Nun bin ich nicht grundsätzlich gegen jegliche Kontrollen, wie Sie schon gemerkt haben, weiß ich doch selbst, dass sich jede Menge schwarze Schafe im Taxigewerbe tummeln, denen das Handwerk gelegt gehört.

Die *Frankfurter Rundschau* berichtete vor etlichen Jahren von sich häufenden Beschwerden über völlig ortsunkundige Taxifahrer. Damals wurden »Kollegen« asiatischer Herkunft gesichtet, die angeblich erst vor wenigen Tagen aus London herangekarrt worden waren und für fünf Euro die Stunde Frankfurts Straßen unsicher machten. Aufgrund eigener Beobachtungen sowie der Erzählungen sehr vieler Fahrgäste komme ich zu dem Schluss, dass hier tatsächlich mit dem Schlimmsten gerechnet werden muss.

Bei großflächigen Kontrollen des Berliner oder Frankfurter Ordnungsamtes, unterstützt von Bereitschaftspolizei am Flughafen und Hauptbahnhof, erlebte ich schon mehrmals, dass die großen Nachrückeplätze völlig leergefegt waren – die »Kandidaten« hatten sich aus dem Staub gemacht. Deshalb gehe ich davon aus, dass es wohl mehr schwarze Schafe im Taxigewerbe gibt als angenommen. Denn wenn bei mir alles in Ordnung ist, habe ich ja gar keinen Anlass, mich zu verdrücken. Gut für mich also, bei solchen Kontrollen herrschen für ein, zwei Stunden paradiesische Verhältnisse für unsereinen, Fahrgäste zuhauf ohne Wartezeit.

Wogegen ich mich aber verwahre, ist übertriebene Gängelung und bürokratische Schikane. Seinen Ausdruck findet dies zum Beispiel im Buß- und Verwarnungsgeldkatalog des Frankfurter Ordnungsamtes für Taxifahrer. Hier ein kleiner Auszug daraus, damit man sich vorstellen kann, wofür ein Taxifahrer so alles belangt werden kann:

Stadtplan nicht mitgeführt: 25 €
Quittungsblock nicht mitgeführt: 25 €
Keine ordnungsgemäße Kleidung und Schuhwerk: 25 €
Schmutziges Taxi: bis 35 €
Verweigerung einer Quittung: 40 €
Fahrpreisvereinbarung im Pflichtfahrgebiet: 50 €
Fahrweg nicht ordnungsgemäß: 100 €
Fahren ohne eingeschaltetes Taxameter: 100 €
Beförderungsverweigerung: 150 €
Taxameter-Eichung nicht in Ordnung oder manipuliert: bis 400 €

Abgesehen von einigen Tatbeständen, die ich okay finde, wie Beförderungsverweigerung oder Verweigerung einer Quittung, besteht der Großteil aus Gummiparagraphen, welche äußerst dehnbar sind. So kann ein Kontrolleur, wenn er ein Pedant ist, schon einen sommerlichen Mückenschiss auf der Windschutzscheibe als »schmutziges Taxi« empfinden. Und was ist bitte »ordnungsgemäße Kleidung«? Dunkler Anzug? Bierbauch in kurzen Hosen mit Socken und Sandalen?

Ich schaue so gut wie nie in einen Stadtplan. Ich habe ein Navigationssystem, das aktueller ist als jeder Stadtplan, den es zu kaufen gibt. Genau genommen brauche ich den Stadtplan also gar nicht. Trotzdem drohen mir 25 Euro Buße, wenn ich keinen im Wagen habe. So geht es weiter: Habe ich einen Quittungsdrucker, brauche ich gar keinen Quittungsblock. Egal – 25 Euro Bußgeld. Sieht man sich bei Kontrollen nicht höllisch vor, kann der ganze Tagesverdienst weg sein. Deshalb ist für mich klar, um was es sich hier handelt: um einen Freibrief für Raubritter und Wegelagerer.

Seltsame Taxigesetze

In den USA, dem Land der skurrilen Gesetze, gibt es natürlich auch juristische Stolpersteine für Taxifahrer. So heißt es im Staatsgesetz von Massachusetts: »Taxifahrer dürfen während einer Beförderungsfahrt keinen Sex auf den Vordersitzen haben.« Und in Youngstown, Ohio, ist es verboten, auf dem Dach eines Taxis mitzufahren.

In Washington, D. C., wiederum muss jeder per Gesetz in seinem Taxi eine Schaufel und einen Besen mitführen.
Doch auch anderswo geht es noch seltsam zu: In Finnland beispielsweise müssen Fahrer Gebühren zahlen, wenn das Radio läuft, während sie Fahrgäste befördern.
In London ist jeder Taxifahrer dazu verpflichtet, einen Heuballen im Fahrzeugheck aufzubewahren. Zudem ist es britischen Taxifahrern auf allen öffentlichen Straßen verboten, ihr Fahrzeug zu verlassen. Sollte ein natürliches Bedürfnis das jedoch erfordern, so dürfen sie laut Gesetz gegen das Heck ihres Fahrzeuges urinieren, solange sich dabei eine Hand am Fahrzeug befindet.

Überhaupt – das Verhältnis des Taxlers zur Polizei ist ein recht zwiespältiges. Manchmal braucht man sie, und die Polizei selbst verlässt sich wie selbstverständlich auf die Hilfe der Taxifahrer, wenn mal jemand gesucht wird. Auf der anderen Seite sind sie ganz schnell da, um einem das Leben schwerzumachen, wenn man zum Beispiel mal nicht mehr ganz auf den Halteplatz passt oder mangels irgendeiner Parklücke in zweiter Reihe Fahrgäste einsteigen lässt.

Zuweilen nimmt das Verhältnis von Ordnungshüter und Personenbeförderer aber auch groteske Ausmaße an, wie der folgende Vorfall zeigt: Vor dem Hauptbahnhof in Frankfurt befinden sich zwei Behinderten-Parkplätze, wo ich manchmal Fahrgäste ausgeladen habe. Als ich wieder einmal für zwei Minuten dort stand, um jemanden rauszulassen, rollte ein Polizeifahrzeug hinter mich auf den zweiten Behindertenplatz. Flugs kommt ein junger Beamter heraus und belehrt mich: »Hier dürfen Sie nicht parken.«

»Aber ich darf hier doch wohl ausladen, seit wann denn das nicht mehr?«

»Wie lange stehen Sie denn jetzt schon hier?«

»Schätzungsweise 35 Sekunden …«

»Bitte mal Führerschein, P-Schein und Personalausweis.«

Er nahm die Teile an sich und setzte sich zu seiner Kollegin ins Polizeiauto.

Es kam, wie es kommen musste: Mittlerweile blockierten das Polizei-Auto und mein Taxi die Behindertenplätze wirklich, und das auch schon zehn Minuten lang. Prompt kam eine ältere Dame mit ihrem Wagen und sprach mich an, sie sei behindert und müsse hier parken. Ich erklärte ihr die Situation, da ging auch schon die Tür des Polizeiautos auf und ich rief: »Also, jetzt blockieren wir beide wirklich den Behinderten-Parkplatz, und zwar seit zehn Minuten. Wo ist da der Sinn?«

Der Beamte gab mir meine Papiere zurück mit den Worten: »Parken ist hier verboten, Sie hören jetzt nichts mehr von mir, gute Fahrt.«

Nu, was jetzt: Bekomme ich jetzt ein Knöllchen oder

nicht? Was bedeutet der kryptische Satz? War der Polizist etwas überfordert oder hatte einen Blackout?

Für Letzteres spricht die Tatsache, dass ich ihm aus Versehen nicht den Personalausweis, sondern den Kfz-Schein meines Privatwagens (!) gegeben hatte. Was er offensichtlich gar nicht bemerkt hatte.

Aber ich will nicht meckern über die Polizisten, ich habe auch schon durchaus Fälle erlebt, wo sie wirklich mal Freund und Helfer waren.

Einmal kam mein Fahrgast aus der Kneipe getorkelt, so dass er den kompletten Gehweg für sich beanspruchte. Ins Taxi geplumpst, lallte er: »Nach Hause, immer geradeaus!«

Trotz mehrmaligen Fragens war aus ihm nicht mehr herauszulocken. Als das »Geradeaus« schließlich auf die Autobahn zu führen drohte, fuhr ich rechts ran. Ich wollte gerade noch einen Versuch starten, da hielt plötzlich neben mir ein Polizeiauto.

Polizist: »Gibt es Probleme?«

Ich: »Nein, nicht direkt, ich kann nur nicht herauskriegen, wo der Fahrgast wohnt.«

»Moment, das haben wir gleich«, sprach der Polizist, stieg aus und ging zum Fahrgast: »Personenkontrolle, Ausweispapiere bitte!«

Auf diese Weise bekam ich flugs die gewünschte Adresse.

Ein Haifischbecken: die lieben Kollegen

Etwa fünfzehn- bis zwanzigtausend Taxifahrer soll es in Berlin geben. Allein an dieser schieren Zahl kann man sehen, dass der Begriff »Kollege« im Taxigewerbe etwas irreführend ist, denn eigentlich handelt es sich um Konkurrenten. Es überrascht nicht, dass es nur wenig Frauen unter uns gibt, denn ganz ungefährlich ist der Job vor allem nachts sicherlich nicht. Jeder einzelne Fahrer versucht, bis zum Ende seiner Schicht so viele Fahrgäste wie möglich zu befördern, viele »Kollegen« erweisen sich bei diesem Vorhaben als eher hinderlich. Sicher, einige Situationen gibt es schon, wo etwas gemeinsam unternommen wird, zum Beispiel bei Demonstrationen oder Streikaktionen, aber genau genommen ist der Taxifahrer ein Einzelkämpfer. Auch ich bin in der Regel nicht besonders gesprächig an den Halteplätzen. Ich sitze lieber im Auto und schreibe für meinen Blog. Die anderen sind die, die einem die Krümel aus dem Kuchen stibitzen wollen, da heißt es stets wachsam sein.

Wenn es Kollegen im eigentlichen Sinn gibt, dann wohl eher in der Rolle als Tag- und Nachtfahrer des gleichen Taxis. Hier sind die Interessen meistens gleich gelagert, zum Beispiel das Bedürfnis nach einem sauberen und aufgeräumten Wagen.

Und es gibt natürlich die Ausnahmen, wie mein kettenrauchender Kollege Olaf. Wir sind ein Herz und eine Seele, niemals würde der eine dem anderen eine Tour wegschnappen. Aber selbst mit ihm mache ich nach Feierabend kaum etwas. Ich trinke zwar auch gerne abends mal ein Bier oder zwei, aber bitte nicht mit einem Taxifahrer! In meiner Freizeit brauche ich Abwechslung von meinem Job.

Es heißt immer, alle möglichen gescheiterten Existenzen würden sich im Taxigewerbe tummeln, und das stimmt natürlich. Vom ehemaligen Archäologiestudenten bis zum brotlosen Künstler kann man hier alles finden. Viele hochfliegende Lebensentwürfe und ehrgeizige Karrierepläne endeten schon am Taxistand. Der umgekehrte Weg, beispielsweise vom Taxifahrer zum Außenminister, ist, wie man bei Joschka Fischer sehen konnte, zwar auch möglich, jedoch viel, viel seltener. Man kann sagen, ein bedeutender Teil der Taxifahrer ist hoffnungslos überqualifiziert. Warum landen denn diese ganzen verhinderten Koryphäen, wie auch Kollege Olaf, by the way, alle im Taxi und nicht bei einem anderen brotlosen Job?

Nun, auf der einen Seite ist der Arbeitsmarkt so strukturiert, dass die allermeisten Arbeitgeber etwas gegen Bewerber haben, die für die ausgeschriebene Stelle überqualifiziert sind. Diese wollen entweder zu viel Geld, oder die Chefs befürchten, dass sie das Maul zu sehr aufreißen, renitent sind oder sonst irgendwie Schwierigkeiten machen. Oft hat man also gar keine andere Wahl.

Auf der anderen Seite hat der Taxijob natürlich auch

seine Vorteile. Es ist nicht von der Hand zu weisen, dass er dem Arbeitnehmer ziemlich große Freiheiten lässt. Man ist den ganzen Tag allein auf der Straße und kann seine Schicht völlig eigenständig gestalten. Ist der Umsatz mal im Keller, hat man eben Pech gehabt. Kein Chef wird einem einen Strick daraus drehen, man verdient eben auch nichts, da man ausschließlich auf Umsatzbeteiligung entlohnt wird. Als Selbständiger bin ich in einer noch angenehmeren Position. Habe ich mal den Tag verbummelt, fahre ich eben abends ein paar Stunden länger und komme so ebenfalls auf mein Geld. Ich kann jederzeit spontan zu Hause bleiben, wenn das Kind krank ist oder die Handwerker kommen. Wurde es am Vorabend in geselliger Runde etwas zu feuchtfröhlich, schlafe ich einfach zwei Stunden länger – nobody cares!

Man hat auf dem Bock zwar oft eine miserable Entlohnung, aber im Gegensatz zu manch anderem Gewerbe muss ich mich um keine Kundenakquise, keine Werbung etc. kümmern. Das Einzige, was ich tun muss, ist, an den nächsten Taxistand zu fahren und zu warten.

Aber natürlich gibt es bestimmt auch Taxifahrer, denen der Beruf einfach Spaß macht, die nie etwas anderes sein wollten und auch nicht verpassten Chancen hinterhertrauern. Ich habe bis jetzt nur noch keinen kennengelernt.

Sie sind bestimmt schon einmal hinter einem freien Taxi hergefahren und waren genervt. Das kann ich gut nachvollziehen, denn das geht mir genauso. Im Schleichtempo wird da entlanggezuckelt, an jeder Kreuzung kurz auf die Bremse getreten, um zu überlegen, ob weiter geradeaus gefahren oder besser abgebogen werden sollte. Der Blick des Fahrers ist stets auf den Straßenrand gerichtet, sobald sich dort ein Arm hebt, hat der nachfolgende Autofahrer mit einer Vollbremsung zu rechnen.

Ein vor einem fahrender freier Kollege ist ein absolutes Ärgernis, natürlich noch aus einem anderen Grund: Ein ungeschriebenes Gesetz verbietet das Überholen eines freien Kollegen, wenn man selbst nicht besetzt ist. Da hilft nur das Abbiegen in eine andere Straße, was in diesem Fall auch zu empfehlen ist, da man nur so die Chance bekommt, den nächsten winkenden Fahrgast einzuladen. In Berlin wird dieses stille Agreement auch weitgehend eingehalten, in Frankfurt sind leider schon ziemliche Wildwest-Methoden eingerissen.

Das »Kreisen« ist in Berlin äußerst beliebt, vor allem auf dem Kurfürstendamm, weil es dort relativ viele »Abwinker« gibt. Wenn man aber ständig zwei bis drei freie Kollegen vor sich hat, die aus allen möglichen Ecken schießen und sich vor einem einreihen, vergeht einem schnell die Lust. Besonders Freitagabend ist es schlimm. Da bricht eine regelrechte »Gelbsucht« aus, in allen Richtungen wimmelt es vor gelben Taxileuchten. Dieses Zeichen wird übrigens in Berlin im Fachjargon »Hungerlampe« genannt – warum, braucht hier wohl nicht gesondert erläutert zu werden. In Frankfurt dagegen heißt die Taxileuchte ganz prosaisch »Fackel«. Bei »Gelbsucht« ist es auf jeden Fall besser, einen Taxistand anzusteuern, der aber natürlich auch meistens überfüllt ist – deswegen kreisen die Kollegen ja alle auf der Straße …

Die beste und auch spritsparendste Methode ist aber an den allermeisten Tagen das Ansteuern eines einschlägigen Taxistandes. Hier muss einmal auf eine Frage eingegangen werden, die mir immer wieder von Fahrgästen gestellt wird, und zwar schon seit Jahrzehnten: »Dürfen Sie sich eigentlich überall hinstellen?«, oder: »Müssen Sie jetzt wieder an Ihren Standort zurückfahren?« Dieser Frage muss ein hartnäckiges Missverständnis zugrunde liegen, möglicherweise mussten in der Frühzeit des Droschkengewerbes die Pferdekutscher auch tatsächlich so verfahren, Tatsache ist und bleibt hier: Der Taxifahrer darf sich in dem Gebiet, für das sein Taxi zugelassen ist, meistens eine Stadt oder ein Landkreis, an jedem gekennzeichneten Taxihalteplatz bereitstellen.

Die Wahl des Halteplatzes richtet sich also nach den strategisch-taktischen Überlegungen beziehungsweise den persönlichen Vorlieben des Fahrers.

Obwohl jeder Fahrer die freie Auswahl hat, welchen Taxistand er ansteuern möchte – Berlin ist eben auch sehr groß und hat circa 150 Taxihalteplätze –, gibt es hier recht merkwürdige Besonderheiten zu beobachten. Es gibt Kollegen, die den ganzen Tag lang nur ein und dieselbe »Halte« anfahren, sei es, weil sie Gewohnheitstiere sind oder weil sie mit den ebenfalls dauernd dort anwesenden Kollegen ein Schwätzchen halten wollen. Mein Freund Olaf ist so einer: Der Halteplatz, an dem er immer steht, ist sein zweites Zuhause. Hier kennt er alle, den Bäcker, bei dem er seinen Kaffee kauft, die meisten Fahrgäste (»Oh – jetzt kommt die Frau, die immer zehn Euro Trinkgeld gibt!«) und etliche Kollegen, die ihn dort besuchen, weil sie wissen, dass er dort zu finden ist. Zu Letzteren gehöre auch ich. Solche »verwurzelten« Fahrer werden im Kollegenjargon etwas ironisch »Platzmeister« genannt. Nun hat diese Vorgehensweise für diese nicht sehr experimentierfreudigen Kollegen durchaus etwas Gutes: Die Wege zu den diversen möglichen Fahrtzielen sind meistens schon bekannt, da der Ausgangspunkt ja immer gleich ist. Allerdings werden auf die Weise eine Menge Kilometer verfahren – na ja, wer's mag!

Am ausgeprägtesten ist dieses Verhalten am Flughafen. Hier gibt es eine Menge »Flughafenkutscher«, die quasi ihr ganzes Leben am Airport verbringen.

Ich hingegen habe ungefähr ein halbes Dutzend Halteplätze im Programm, welche ich je nach Tageszeit und erwartetem Fahrgastaufkommen anfahre. Eine wichtige Regel beachte ich dabei aber auch: Ist ein Halteplatz ganz leer, stelle ich mich immer dort auf, es sei denn, dieser befindet sich irgendwo an der Stadtgrenze.

Etwas kurios sind einige regionale Besonderheiten. Der Ortsteil Spandau führt ein durchaus eigenständiges Dasein, er ist ja selbst eine kleine Großstadt. Die Spandauer sagen heute noch, wenn sie in die City fahren: »Wir fahren nach Berlin.« Wenn ein Spandauer Kollege eine Fahrt bekommt, die in Richtung Innenstadt geht, kehrt er stets wieder nach Spandau zurück, selbst wenn die Fahrt nach Köpenick geht, also ans andere Ende der Stadt. Anscheinend haben diese Fahrer sich nie mit der großen Stadt anfreunden können; man kennt sich nicht so gut aus, also nichts wie zurück in den heimatlichen Hort.

In Frankfurt gibt es übrigens ein ähnliches Phänomen, die dortigen »Spandauer« sind die Kutscher in Frankfurt-Höchst. Man sieht viele von denen nur da und nirgendwo anders.

Eine weitere Seltsamkeit muss hier noch angesprochen werden. Im Sommer kann es im Taxi oft unerträglich heiß werden. Da man in diesem Fall schlecht den Motor eine Stunde lang laufen lassen kann, um die Klimaanlage zu betreiben, bin ich an solchen Tagen ständig auf der Suche nach schattigen Halteplätzen. Der Berliner Hauptbahnhof ist zum Beispiel optimal, weil die Taxis während der Wartezeit dort unter der Gleisbrücke stehen.

Wenn ich auf meiner Suche nach Schatten durch die Stadt streife, fällt mir regelmäßig auf, dass die sonnigen Halteplätze meist voll, die im Schatten aber öfter halb leer sind. Der Kutscher scheint die Hitze zu lieben. Etliche Kollegen bequemen sich sogar auch bei fünfunddreißig Grad nicht aus ihrem Auto heraus und schmoren stundenlang in ihrem Saft. Bei manch einem dieser Kollegen dienen die Füße anscheinend nur noch zum Bedienen des Brems- und Gaspedals. Dass man die genannten

Körperteile auch zum Gehen verwenden kann, ist in Vergessenheit geraten; sogar zum Rauchen wird lediglich der Arm aus dem Fenster gehängt – bei diesem Binnenklima möchte ich wirklich nicht Fahrgast sein!

Dass man es mit den Kollegen, besser gesagt Konkurrenten, nicht immer leicht hat, versteht sich fast von selbst. So gibt es diverse Situationen, in denen man sich schon fragt, was in manchen Mitmenschen so vorgeht. Zum Beispiel an meinem Lieblings-Halteplatz, auf den genau vier Taxis draufpassen. Doch leider scheine ich der Einzige zu sein, der das schon gemerkt hat. Denn vor kurzem musste ich, da ich der Letzte in der Schlange war, auch noch den halben Fußweg blockieren, weil irgendeiner der Kollegen ganze zwei Meter Abstand zum Vordermann benötigt. Wahrscheinlich verwechselte er seinen Benz mit einem Achtzehntonner. Oder vielleicht hat er Muskelschwäche und kann das Lenkrad nicht drehen? Bin ich denn der Einzige, der mit fünfzig Zentimeter Platz auskommt, um aus der Lücke zu fahren? Ich hupte einmal, zweimal, dreimal – keine Reaktion.

Ich musste letztendlich aussteigen, nach vorne gehen und ihn mit meiner Restfreundlichkeit dazu bewegen, seinen Schrotthaufen doch einen Meter vorzubewegen, wozu er sich dann endlich herabließ.

An dem gleichen Taxistand standen ein anderes Mal schon drei Taxis, wie meistens mit übertriebenem Abstand zueinander. Da ich mit dem Heck sonst auf dem Fußgängerüberweg gestanden hätte, stellte ich mich zwanzig Meter weiter hinten an, wie es hier auch allgemein üblich ist.

Plötzlich kommt ein Kollege an mir vorbeigebraust und stellt sich doch ganz unverfroren vor mich in die Lücke, natürlich mit dem Heck auf dem Fußgängerüberweg. Ich wollte gerade aussteigen, um den Kollegen höflich auf sein Fehlverhalten hinzuweisen, da enterten auf einmal drei Fahrgäste mit Gepäck mein Taxi: »Zum Flughafen, bitte!«

Merke: Unrecht und Gerechtigkeit gleichen sich im Leben meistens wieder aus!

Bei Schmuddelwetter werden die elfenbeinfarbenen Taxis ganz schnell schwarz. Mein erster Weg führt dann morgens in die Waschstraße, weil ich mir selbst und den Fahrgästen eine solche Dreckschleuder nicht zumuten möchte.

Meine Beobachtungen ergaben schon oft, dass manche Kollegen darüber ganz anders denken. Viele von ihnen haben keinerlei Hemmungen, sich mit einem solchen schwarzen Drecksteil an den Halteplatz zu stellen, manche sogar vor Fünf-Sterne-Hotels. Ich finde, so etwas ist ein Ausdruck absoluter Geringschätzung den Fahrgästen gegenüber. Abgesehen davon, dass man sich selber alles schmutzig macht, wenn man nur den Kofferraum öffnet.

Was mich an den Berliner Taxiständen auch immer mehr nervt, zumal in der wärmeren Jahreszeit, wenn die Türen offen stehen, sind die quäkenden und quasselnden Funkgeräte der Kollegen. Ich bin das überhaupt nicht mehr gewohnt, in Frankfurt herrscht schon seit vielen Jahren Funkstille, dem Datenfunk sei Dank!

Ausschließlich zu Messezeiten bevölkert eine seltsame Fahrerspezies die Straßen und Taxistände: die sogenannten Messefahrer. Diese pflegen nur bei solchen Großereignissen Taxi zu fahren, Werte wie Kollegialität und Respekt füreinander gehen ihnen vollständig ab.

Einmal entstand eine Lücke in der Nachrückeschlange vor dem Hotel, da ein Kollege, in diesem Fall ich, auf der Toilette war. Ich kam genau im rechten Moment zurück, um zu beobachten, wie einer dieser Gesellen einfach in die entstandene Lücke vor meinem Taxi hineinfuhr. Auf meine Vorhaltungen, was er denn glaube, warum wir alle hier stünden (»Denkst du, wir machen hier Urlaub?«), brummelte er etwas Unverständliches und verzog sich.

Zum Glück treiben diese Gestalten immer nur wenige Tage lang ihr Unwesen.

Ich könnte noch lange erzählen, über nette und nervige Kollegen, deshalb hier nur rasch meine letzten Anekdoten aus dem Kollegenzoo:

Unterwegs

Ich fuhr vollbesetzt durch Berlin-Mitte, im Wagen saßen drei gutgelaunte Herren. An einem Ampelstopp bemerkte der eine: »Schaut doch mal nach nebenan, der Taxifahrer: in der linken Hand die Zigarette und in der rechten das Handy!« Tatsächlich, links neben mir stand ein Kollege mit solcherart akrobatischen Fähigkeiten, denn er musste ja auch noch das Auto bedienen.

Ich gab meinen Senf auch dazu: »Wo hält er denn jetzt wohl seinen Kaffee, wahrscheinlich zwischen die Beine geklemmt!?«

Dienstantritt

Was stimmt mich morgens so richtig gut auf den kommenden Arbeitstag ein?

Wenn mir beim Öffnen der Tür meines Nichtraucher-Taxis der Qualmgeruch des kettenrauchenden Nachtfahrers in die Nase fährt.

Wenn ich heute nur dreißig Euro Wechselgeld dabei habe und mir beim Starten die Sprit-Reservelampe fröhlich entgegenblinkt, da besagter Kollege zu tanken vergessen hat.

Stadtplan weg, Kugelschreiber hat sich in Luft aufgelöst, die Flughafen-Schrankenkarte ist irgendwo sehr gut versteckt – immer wieder montags begrüßt mich mein Taxi mit einem oder mehreren dieser Tatbestände. Manchmal klebt am Lenkrad höchst überflüssigerweise auch noch ein Rest Currywurst.

Als ich vor kurzem bei Schichtbeginn ins Auto steigen wollte, war mein 01er-IPAQ nicht auffindbar. Das ist der Minicomputer zur Funkvermittlung bei einer zusätzlichen Funkzentrale. Nachdem ich das ganze Taxi durchsucht hatte, machte ich mich frustriert auf den Weg. Der Tag verlief naturgemäß dann auch ziemlich mies, so dass ich den zweiten Funk gut hätte gebrauchen können. Abends stellte sich heraus, dass der Nachtfahrer ihn mit nach Hause genommen hatte, weil er kaputt war (der IPAQ, nicht der Fahrer). Oh, welch grandiose Logik! Was hat er mit dem Ding bloß getan: Nachdem ich mir nicht vorstellen kann, dass er es repariert hat, hat er bestimmt drauf geschlafen, oder?

Noch besser war die schon etwas länger zurückliegende Tank-Aktion. Freundlicherweise hatte sich mein Kollege dazu herabgelassen, das Auto am Ende seiner Schicht noch vollzutanken. Nur: Was hat meinen Kollegen von der Nachtschicht wohl geritten, mein Taxi statt mit dem gewohnten Diesel mit Benzin vollzutanken? In diesem Fall musste der gesamte Sprit abgesaugt werden, besonders weit wäre ich damit sonst nicht gekommen. Der Touran musste einen Tag in die Werkstatt, alle Filter mussten ausgewechselt werden, und ich durfte mit einem alten Daimler als Ersatz-Taxi auf die Straße.

Nun arbeite ich mit einem neuen Nachtfahrer zusammen, der eigentlich den Vorteil hat, dass er noch ganz neu im Geschäft ist und dementsprechend heiß aufs Fahren – so heiß, dass er von 18.00 Uhr abends bis 8.00 Uhr morgens fährt. Dann fange ich an. Dies bleibt allerdings in letzter Zeit ein frommer Wunsch, weil der Kollege immer später kommt, meistens kurz nach 8.30 Uhr. Abends schwört er mir dann stets Stein und Bein, dass er am nächsten Morgen pünktlich sein wird.

Eines Morgens kam er gegen 8.40 Uhr, und ich wurde zum ersten Mal etwas ungehalten: »Du stiehlst mir meine Zeit, ich finde das nicht kollegial!«

Am Abend brachte er mir eine Schachtel Pralinen mit – das fand ich nun wiederum rührend.

Fahrgastaufnahme

Auftrag UBS, Stephanstraße. Zehn Minuten nach der Bestellzeit kam immer noch kein Fahrgast, aber ein zweites Taxi hinter mir an. Der Fahrer stieg aus und ging zum Empfang. »Wird auch einen Auftrag haben«, dachte ich mir.

Weitere fünf Minuten verstrichen. Dann kam ein Herr heraus, mit »Flughafengepäck«, wie wir Kutscher sagen. Er ging zu dem Taxi hinter mir, sagte etwas zum Fahrer, dieser stieg aus und wollte das Gepäck einladen. Mir schwante etwas.

Ich stieg aus und fragte den Fahrgast: »Sind Sie vielleicht Herr XX?«

»Jawohl!«, war die Antwort. Ich wollte gerade den Kollegen zur Rede stellen, als der Herr vom Empfang herausgestürmt kam und den Kollegen anfuhr: »Wieso wollen Sie den Fahrgast Ihres Kollegen mitnehmen? Sie waren doch eben bei mir drinnen und fragten nach einer Frau YY. Ist das hier vielleicht eine Frau?«

Ganz klein mit Hut rückte der »Kollege« das Gepäck wieder heraus und überließ mir meinen Fahrgast, auf den ich jetzt mittlerweile 20 Minuten gewartet hatte. Immerhin ging es dann tatsächlich zum Flughafen.

Ein relativ neuer Fahrer in der Nachtschicht erlebte am Flughafen sein Waterloo. Gegen 21.00 Uhr sah er, wie es an der Ankunft brummte und ein Taxi nach dem anderen wegfuhr. Also stellte er sich hinten an. Als er schließlich an fünfter Position war, war Schluss – viereinhalb Stunden Wartezeit, bis endlich jemand bei ihm einstieg.

Merke: Es nutzt dir überhaupt nichts, wenn es vermeintlich läuft wie der Teufel. Erst wenn man einen Fahrgast hat, kann man aufatmen. Manchmal kommt es sogar vor, dass man an erster Stelle steht, und der Hype ist schon wieder vorbei. Aber was der junge Kollege damals noch nicht wusste, wird er jetzt sicherlich immer beherzigen: sich nach 20.00 Uhr am Flughafen anzustellen kann einem die ganze Schicht kaputt machen.

Die folgende Geschichte lässt einen schnell an Urban Legends denken, oft erzählt, aber mitnichten wahr. Diese aber hier ist von einer Anzahl Kollegen, die damals am Hauptbahnhof dabei waren, darunter meinem damaligen Chef, verbürgt:

Ein Kollege steht mit seinem Auto am Kempinski. Plötzlich erscheint der Wagenmeister – ein Portier in Livree, welcher vor der Tür die Gäste empfängt – und ruft: »Hier kommt ein ganz eiliger Fahrgast zum Hauptbahnhof!«

Der Wagenmeister hat das Gepäck schon in der Hand, und ehe der Kollege aussteigen kann, um zu helfen, geht der Kofferraum auf und wieder zu, dann geht die hintere rechte Tür auf und schließt sich wieder.

Der Kollege braust los, an der ersten Ampel, welche er gerade bei Dunkelgelb noch nahm, ließ er sich stolz vernehmen: »Na, das haben wir ja gerade noch geschafft, nicht?«

Keine Reaktion vom Rücksitz. Der Kollege denkt sich beleidigt: »Wenn der es nicht nötig hat, mal ein Wort der Anerkennung von sich zu geben, rede ich auch keinen Ton mehr mit dem.«

Ankunft am Hauptbahnhof. Plötzlich schnarrt das Funkgerät: »Zentrale an Taxi xyz!«

Kollege: »Zentrale, was gibt's?«

Zentrale: »Herr Kollege, meinen Sie nicht, Sie haben am Kempinski etwas vergessen?«

Kollege: »Keine Ahnung, ich werde mal nachfragen.« Er dreht sich um, um den Fahrgast zu fragen, ob er etwas vergessen habe, und erstarrt: Auf dem Rücksitz findet sich – eine Schachtel!

Wenige Minuten später trifft ein weiteres Taxi mit dem dazugehörigen Fahrgast am Bahnhof ein.

Nichts Menschliches ist uns fremd: eine kleine Fahrertypologie

Ähnlich wie die Fahrgäste lassen sich auch die Kollegen in bestimmte Typenklassen einteilen. Natürlich wäre das eher die Aufgabe der Fahrgäste – aber, glauben Sie mir, ich kriege die Marotten der anderen Fahrer zur Genüge mit!

1. Die Labertasche

Quatscht jeden voll, die Fahrgäste im Taxi und die Kollegen am Stand. Besonders penetrant in der Berliner Ausprägung (»Herz mit Schnauze«). Oft ein verhinderter Politiker, der aller Welt seine Sichtweise der globalen und lokalen Problematiken mitteilen muss. Diese Kollegen sind neugierig bis zum Anschlag, fragen den Fahrgast über die intimsten Details Löcher in den Bauch und bleiben am Halteplatz dicht am Vordermann dran, damit sie ja mitbekommen, wohin dessen Fahrgast fährt.

2. Der Innenarchitekt

Hat an Weihnachten einen riesigen künstlichen Weihnachtsbaum mit blinkenden Lichtern am Armaturenbrett. Duftbäume, Abreißkalender, Bilder seiner lieben Familie runden das Bild ab. Nur bei ihm findet man noch die Klopapierrolle mit Häkelüberzug auf der Hutablage, die andernorts so gut wie ausgestorben ist. Der

Kofferraum ist halb voll mit großen Kisten für Reinigungsutensilien, Tagesverpflegung und Ersatzteile. Von außen erkenntlich oft durch den Aufkleber: »Finger weg – Heckklappe wird nur vom Fahrer geschlossen!«

3. Die Schlampe

Sieht im Winter aus wie ein Tippelbruder und trägt im Sommer gerne ein Feinrippunterhemd über dem Bierbauch, knappe Shorts, weiße Socken und dazu die obligatorischen Sandalen, kurzum, er macht das Klischee perfekt. Der Kollege wäscht sich niemals die Hände auf der Toilette, und in seinem Taxi wimmelt es von verstreuten Utensilien und mancherlei Unrat. Wenn ein Gast die Frechheit besitzt, dort Platz nehmen zu wollen, muss er erst umständlich den Beifahrersitz leer räumen. Der Geruchspegel im Wagen schwankt zwischen undefinierbar und unerträglich.

4. Der Heizer

An ihm ist ein Formel-1-Fahrer verlorengegangen. Ob leer oder mit Fahrgästen, er braust durch die Straßen, als gelte es, einen neuen Streckenrekord aufzustellen. Er fährt absolut auf Materialverschleiß, immer zwischen Vollgas und Vollbremsung, deshalb ist er auch als Angestellter bei seinem Chef äußerst beliebt. Rote Ampeln sind für ihn oft kein Hindernis – sein Punktekonto in Flensburg ist schon so voll, dass der Taxischein immer in Gefahr ist. Seine Fahrgäste danken meist ihrem Schöpfer, wenn sie heil am Bestimmungsort angekommen sind.

5. Der Schleicher

Er tastet sich durch den Verkehr, als würde er hochexplosives Gefahrgut transportieren. Seine Geschwindigkeit passt er genau so an, dass er an jeder Ampel anhalten muss. Bei Grün startet er stets erst nach einem aufmunternden Hupen des Hintermannes. Die Fahrgäste sind am Ziel entweder halb verhungert oder wundgesessen.

6. Der Bequeme

Jeder Schritt wird ihm zur Qual, und im Hochsommer bleibt er in der prallen Sonne wie festgewachsen im Auto sitzen. Seine Konzession an das Rauchverbot in Taxis besteht darin, beim Rauchen den Zigarettenarm aus dem offenen Fenster heraushängen zu lassen. Dabei beobachtet er stoisch aus sicherer Entfernung, wie die Fahrgäste mühsam ihr Gepäck in seinen Kofferraum wuchten.

7. Der Putzer

Trägt auch bei der größten Hitze Krawatte und Sakko und fährt sein Taxi jeden Tag durch die Waschanlage. Kein Fliegendreck hat bei ihm eine Chance, weil er unentwegt die Karosserie poliert. Ich möchte meinen, dass sein Motorraum sauberer ist als meine Badewanne. Eigentlich wäre er lieber Chauffeur bei einem Spitzenmanager.

Den Archetyp des Putzers traf ich übrigens mal am Flughafen von Palma de Mallorca: Der Kollege hatte die ganze Zeit ein Staubtuch in der Hand. Als ein Fahrgast kam, wischte er an Kofferraum und Tür über jede Stelle, die der Kunde vor dem Einsteigen berührt hatte.

8. Der Servicebewusste (Wer ist hiermit wohl gemeint?)

Er kann sich zumindest rudimentär in mehreren Sprachen verständigen. Er steht schon neben der geöffneten Heckklappe, und wenn ein Fahrgast mit Gepäck im Anmarsch ist, geht er ihm entgegen. Er ist immer freundlich, auch wenn die Fahrt nur vier Euro ausmacht. Wenn er einmal aus Versehen einen Umweg gefahren ist, zieht er unaufgefordert etwas vom Fahrpreis ab. Damit sein Fahrgast trockenen Fußes seine Haustür erreicht, hat er stets einen Schirm im Kofferraum.

Frommer Wunsch und Realität: Servicewüste Deutschland

Mit dem Dienstleistungsgedanken ist es hierzulande immer noch nicht weit her, nicht umsonst wird von der Servicewüste Deutschland gesprochen. Gerne wird in diesem Zusammenhang auf das Ausland verwiesen. So gut wie jeder kennt das Beispiel aus den USA, wo in jedem Supermarkt an der Kasse ein dienstbarer Geist steht, der einem die Einkäufe einpackt und zum Wagen trägt.

Aber auch dort ist nicht alles Gold, was glänzt. Das durfte ich bei einem New-York-Besuch erleben, als ich in Manhattan in ein Taxi stieg und zu Macy's wollte. Der Rumäne hinter dem Lenkrad konnte nicht nur kaum Englisch, er war auch nicht in der Lage, mich ohne Schwierigkeiten zum größten Kaufhaus der Welt mitten in Downtown zu fahren. Und das in einem Straßennetz, das schachbrettartig aufgebaut ist und in dem die Straßen numeriert sind – ich selbst würde nicht länger als drei Tage brauchen, um dort Taxi fahren zu können.

Die Klagen über Taxifahrer sind zahlreich, sowohl früher in Frankfurt als auch jetzt in Berlin. Die Tatbestände sind: unfreundliche, unhöfliche und muffelige Fahrer; der Fahrgast wird beim Wunsch nach einer Kurzstrecke nach allen Regeln der Kunst zusammengestaucht; die Ortskenntnisse sind oft mangelhaft, was zu vielen Umwegen führt; der Fahrer lümmelt sich in seinem Sitz, bis der Fahrgast sein Gepäck verladen hat, ohne einen Finger zu rühren; der Kunde wird durch ein verqualmtes Fahrzeug und laute Musik belästigt und am Ende zuweilen noch mit einem überhöhten Fahrpreis abgezockt.

Ich bekomme das auch manchmal unmittelbar selbst mit. So fuhr ich einmal eine ältere Dame, die sich bitter beklagte. Sie meinte, vor fünf Minuten sei schon einmal ein Kollege da gewesen, der beim Anblick ihrer Berta-Chipkarte nur brummelte: »Ich fahre nicht auf Chipkarte« – und der Frau ihre Gehhilfe auf die Straße schmiss. So etwas macht mich sprachlos. Abgesehen davon, dass der »Kollege« bei der Funkzentrale als Berta-Chip-Fahrer eingetragen sein muss, sonst hätte er den Auftrag gar nicht bekommen, kommt hier etwas viel Bedeutsameres zu Tage: Wenn man die Kunden als lästige Störenfriede betrachtet, sollte man vielleicht als Forstarbeiter in den Wald gehen und Bäume pflanzen.

Ein jeder kennt solche Geschichten, wann immer man eine Dienstleistung in Anspruch nimmt. Mir sind beispielsweise in der Gastronomie die oft studentischen Servierkräfte ein Greuel, die den Gast stets merken lassen, dass sie ja eigentlich für etwas Besseres geschaffen sind (dies sage ich als ebenfalls »Studierter«). Dieser Dünkel ist meines Erachtens auch die Ursache für die »Servicewüste Deutschland«. Jeder will bedient werden, aber keiner dienen. Ich finde, wenn ich mich nicht auf den Dienstleistungsgedanken einlassen kann, habe ich in einem solchen Beruf nichts verloren.

Gerade weil vielen Taxifahrern nicht bewusst war, wie wichtig Service eigentlich ist, kam es dazu, dass vor diversen Geschäftsadressen immer häufiger dunkle Limousinen auftauchten, sauber und mit adretten Fahrern im schwarzen Anzug. Diese Mietwagen übernehmen in letzter Zeit immer mehr die Flughafenfahrten und andere lukrative Touren der Geschäftsleute. Für uns bleibt dann nur die Fahrt zum spontanen Mittagessen.

Der ADAC hat 2008 in einem großen Taxi-Test das Servicebewusstsein der deutschen Taxifahrer überprüft.

Testorte waren Berlin, Frankfurt, Hamburg, München, Köln, Dresden, Stuttgart, Hannover, Leipzig und Nürnberg. Getestet wurden fünf typische Routen: Hauptbahnhof – Hotel (eine Kurzstrecke von circa zwei Kilometern), Flughafen – Hauptbahnhof, Zentrum – kleine Stadtrand-Straße (etwa fünf Kilometer), Stadtrand – kleine City-Straße (circa fünf bis sieben Kilometer) sowie Restaurant – Oper (etwa drei bis fünf Kilometer). Der Start- und Zielpunkt der jeweiligen Strecke war stets gleich.

Die Testfahrt startete immer an einem Taxihalteplatz. Der Test-Fahrgast hatte Gepäck dabei. Er kannte sich nicht aus, hatte es nicht eilig und wollte sein Fahrtziel ohne Umweg auf der preisgünstigsten Strecke erreichen. Vor Fahrtantritt fragte er, ob der Fahrer eine Kreditkarte akzeptiert, um später aber doch mit einem 50-Euro-Schein zu zahlen. Er wollte herausfinden, ob der Fahrer wechseln konnte. Wenn er keine Quittung angeboten bekam, forderte er eine und achtete darauf, ob sie vollständig ausgefüllt war.

Darüber hinaus galt die Aufmerksamkeit der Tester folgenden Merkmalen: Freundlichkeit und Hilfsbereitschaft des Fahrers, das Einhalten der Verkehrsregeln, das Empfehlen von Sehenswürdigkeiten und Restaurants, die Sauberkeit des Taxis, ob das Taxameter ordnungsgemäß eingeschaltet war und die Sichtbarkeit von Fahrerausweis und Konzessionsnummer im Auto. Je nach Bedeutung für den Fahrgast wurden die einzelnen Kriterien unterschiedlich stark gewichtet bei der Gesamtbewertung.

Das Ergebnis des Tests zeigte, dass das Taxigewerbe zwar besser ist als sein Ruf, aber noch entschieden verbesserungsbedürftig. Im Überblick: Jede achte Fahrt wurde als »mangelhaft« oder »sehr mangelhaft« eingestuft, »sehr gut« waren 13 Prozent der Fahrten. Der Löwenanteil von 58 Prozent der Fahrten bekam die Note »gut«. 16 Prozent der Touren wurden mit »ausreichend« bewertet. Am schlechtesten fuhren die Tester in Frankfurt, hier gab es die häufigsten Fahrten mit »mangelhaft« und »sehr mangelhaft«. Am besten schnitt Nürnberg ab, es bekam als einzige Stadt ein »sehr gut« für eine Fahrt, und es hatte die meisten Fahrten mit »gut«. Auf ganz Deutschland bezogen, fiel fast jede fünfte Fahrt wegen Defiziten des Fahrers durch. An der Spitze hier Frankfurt und Stuttgart, wo fast die Hälfte aller Fahrer mangelhafte oder gar sehr mangelhafte Benotungen bekam. In Nürnberg dagegen gab es keinen einzigen Fahrer mit dieser Bewertung.

Was waren die häufigsten Fehler?

Viele Fahrer denken, die Straßenverkehrsordnung gelte nicht für das Taxigewerbe. Ob Überschreiten der Höchstgeschwindigkeit, Überfahren von roten Ampeln, Befahren von Einbahnstraßen gegen die Fahrtrichtung, Telefonieren ohne Freisprecheinrichtung oder viel zu dichtes Auffahren – alles war hier vertreten. 75 Prozent aller Fahrer war es vollkommen egal, ob ihr Fahrgast angeschnallt war.

Freundlichkeit und Hilfsbereitschaft? Bei etlichen Fahrern Fehlanzeige. Bei einigen Testfahrten musste der Fahrgast sein Gepäck entweder selbst in den Kofferraum bugsieren oder warten, bis der Fahrer den Kofferraum umgeräumt hatte, damit überhaupt Platz für einen Koffer war. Einige wenige Fahrer trugen den Koffer der Testperson aber sogar bis ins Hotel, auch das kommt vor.

Auf den Wunsch nach der Kurzfahrt reagierte nicht jeder Fahrer gleichmütig, aber nur einmal so unverschämt wie der noch obendrein ungepflegte Kutscher in Leipzig – grußlos warf er dem Fahrgast einen Kugelschreiber durchs Taxi hinterher.

In puncto Fragen nach Restaurants und Sehenswürdigkeiten gab es in der Summe befriedigende Antworten. Manche Fahrer bekamen den Mund kaum auf, bei einigen scheiterte die Verständigung wegen ausgesprochen schlechter Deutschkenntnisse.

Was mich nicht weiter wundert: In Frankfurt fahren überdurchschnittlich viele Kollegen mit ganz schlechten Deutschkenntnissen herum. Oft kann sich der Fahrgast mit seinem Fahrer kaum verständigen: Manche ausländischen Taxibewerber beantragen den Personenbeförderungsschein mit der Hilfe eines Dolmetschers. Dies ist zwar erlaubt, die Taxikunden sind dem radebrechenden Fahrer aber später ohne Übersetzungshilfe ausgeliefert. Seitdem übrigens in Hamburg die Straßennamen bei den Prüfungen nicht mehr langsam buchstabiert, sondern vorgelesen werden, fallen 80 Prozent der Bewerber durch.

Aber ob in perfektem Deutsch oder mit Akzent: Etliche Kollegen waren doch auch begeisterte Propagandisten ihrer Stadt, und mancher Fahrer glänzte auch durch sein Geschichtswissen. In Frankfurt allerdings las ein Fahrer während der Fahrt aus dem Stadtführer vor, was selbstverständlich Abzüge gab.

Bei der Routentreue gab es insgesamt die besten Ergebnisse. Nur bei knapp 10 Prozent der Fahrten war in diesem Punkt etwas zu kritisieren. An der Spitze hier wieder Nürnberg: Sämtliche Testfahrten wurden absolut korrekt durchgeführt. In Leipzig und München gab es für jeweils eine Fahrt ein »sehr mangelhaft«. Die häufigsten negativen Fahrten ereigneten sich in Berlin und Hamburg, etwa 20 Prozent ließen hier in Bezug auf Routentreue zu wünschen übrig. In Frankfurt gibt es auch etliche Taxifahrer, die sich überhaupt nicht auskennen. Sie kommen aus aller Herren Länder, um in der größten Stadt Hessens die Straßen unsicher zu machen.

Der Höhepunkt in Bezug auf die Ortskenntnisse war ein Kölner Fahrer, der sich weder in seiner Stadt noch mit seinem Navigationssystem auszukennen schien. Er schaltete es mehrmals aus und wieder an, missachtete aber die Routenvorschläge und irrte durch Einbahnstraßen. Schließlich gab er das Ziel in ein zweites Navigationsgerät ein. Am Ende machte er aber immerhin einen Abzug vom Fahrpreis und entschuldigte sich. Dies tat mitnichten der Fahrer in Frankfurt, der nur die anzufahrende Straße kannte, aber nicht das gesuchte Restaurant. Als er nicht mehr weiterwusste, musste der Tester über sein Mobiltelefon die Hausnummer erfragen, ein Umweg verteuerte die Fahrt.

In der Kategorie Fahrzeug wurden 11 Prozent schlechte Fahrten gezählt. An der Spitze hier: Berlin und Stuttgart mit ausschließlich positiven Ergebnissen. Am schlechtesten schnitten hier Dresden und Nürnberg mit jeweils 30 Prozent mangelhaften oder sehr mangelhaften Fahrten ab. Viele Fahrzeuge waren sehr ungepflegt. In über der Hälfte der Fälle fehlten Tarifübersichten im Taxi.

Was in der ADAC-Studie auch kritisiert wurde, war, dass es oft keine Möglichkeit gab, mit Kreditkarte zu bezahlen. In solchen Fällen hatten die Fahrer eine ganze Reihe fadenscheiniger Ausreden auf Lager, vor allem, wenn die Kartenzahlung trotz anderslautendem Aufkleber am Taxi nicht möglich war. Entweder wurden die zu hohen Gebühren beklagt, das Kartenlesegerät war gerade defekt oder gar nicht vorhanden, einer war nicht in der Lage, es zu bedienen, ein anderer verlangte einen Euro Gebühr für die Zahlung, wieder ein anderer jammerte über betrügerische Fahrgäste, oder man machte ganz frech die Zahlung mit Karte von der Höhe des Fahrpreises abhängig.

Festzuhalten ist: Die Kreditkartenakzeptanz war einer der häufigsten Mängel beim Taxi-Test. Über 55 Prozent der Fahrer lehnten die Kartenzahlung ab. Beispielhaft dagegen einige wenige Kollegen, die sogar eine Kurzfahrt kommentarlos über die Karte abrechneten oder die den Gast ohne Mehrkosten zu einem Geldautomaten gefahren hätten.

Hierzu muss man feststellen, dass in Frankfurt, dem Finanzzentrum mit hoher Bankendichte und entsprechender Klientel, so gut wie jedes Taxi auch Kartenzahlung akzeptiert. Zumindest die Wagen der Großbetriebe tun das alle. In Berlin ist die Kreditkartenakzeptanz bei weitem nicht so hoch, jedoch fragen die Fahrgäste immer öfter danach, und am Flughafen Tegel sind jetzt nur noch Taxis zugelassen, die auch über ein Kartenlesegerät verfügen.

Ich finde es gut, dass es einen so umfassenden Test gab. So kann genau festgestellt werden, was gut ist am Taxigewerbe und an welchen Stellen es noch ein Verbesserungspotential gibt. Angefangen von all den schwarzen Schafen, die ihre Kunden – also die Leute, mit denen sie ihr Geld verdienen – mies behandeln, bis hin zur Sauberkeit der Autos oder der Akzeptanz einer Kreditkarte. Denn auch wenn wir solche Dinge oft als Kleinigkeiten abtun: In der Summe sorgen sie dafür, dass sich der Fahrgast bei uns wohl fühlt. Und nur, wenn er sich wohl fühlt, steht er dem Beförderungsmittel Taxi aufgeschlossen gegenüber. Und auch wenn es schwierig erscheinen mag: Den Herausforderungen, wie man seine eigene Arbeit verbessern kann, muss man sich stellen, das ist in jedem Beruf so.

Viele meiner Kollegen sind ja der Ansicht, dass die Leute schon den Mund aufmachen werden, wenn ihnen was nicht passt. Man hat allerdings herausgefunden, dass dem nicht so ist. Alle Untersuchungen haben ergeben, dass sich nur ein winziger Bruchteil beschwert. Jetzt kann man es sich natürlich ausrechnen: Beschwert sich keiner, weil sich niemand traut oder weil es nichts zu beschweren gibt?

In Frankfurt hat man vor ein paar Jahren ein tolles Konzept entwickelt, das »Service-Taxi«. Ausgangspunkt war die Überlegung, dass Taxis das teuerste öffentliche Verkehrsmittel sind, verglichen mit Erste-Klasse-Flug und Erste-Klasse-Bahnticket, dass man aber eben oft keine Erste-Klasse-Leistung bekommt, wenn man Taxi fährt. Vor allem, dass die Leistung der unterschiedlichen Taxifahrer so weit auseinanderklafft, wird als großes Manko gesehen.

So beschloss man in Frankfurt, verschiedene Maßnahmen zu ergreifen, um einen einheitlichen Qualitätsstandard festzulegen, den Service zu verbessern und eine Corporate Identity zu schaffen. Welche Maßnahmen waren das? Den Service-Taxifahrer sollte unter anderem Folgendes auszeichnen: Er soll, zumindest an den Halteplätzen mit viel Laufkundschaft, stets draußen neben seinem Taxi stehen, um so die »Schwellenangst« des

Fahrgastes zu vermindern; bei Regen steht er unter einem Schirm in den Farben der Zentrale mit Logo, diesen benutzt er auch, um die Fahrgäste trockenen Fußes zur Haustür zu bringen; zur Kommunikationsförderung trägt er ein Namensschild an der Brust; er besitzt zumindest Grundkenntnisse der englischen Sprache; er raucht niemals im Auto, sondern nur draußen; in naher Zukunft bekommt er sogar eine Dienstkleidung.

Neben den Fahrern werden von Service-Taxi auch die Autos, was Erscheinungsbild und Sauberkeit anbetrifft, gecheckt und zertifiziert sowie das Personal in der Zentrale. Wenn genügend Service-Taxifahrer vorhanden sind, wird das Konzept beworben, und die Kunden können »ihr« Service-Taxi bestellen.

Ich finde, das Ganze ist ein lobenswerter Ansatz. Dumm nur, dass Theorie und Praxis manchmal meilenweit auseinanderliegen. Trotz aller Bemühungen hagelte es gleich zu Beginn sowohl von Kollegen als auch von Fahrgästen Kritik. Ein wunder Punkt betrifft die Sprachkenntnisse. Warum auf Englisch bestehen, wenn viele Taxifahrer noch nicht einmal ordentlich Deutsch können? Viele sind der Meinung, dass hier ein viel dringenderer Handlungsbedarf besteht. Aber wahrscheinlich stellt Service-Taxi erst gar keine Fahrer ein, die nicht ausreichend Deutsch können, das ist ein unabdingbares Qualitätsmerkmal. Dem Projekt ging es außerdem darum, für den internationalen Messe- und Bankenplatz Frankfurt zu betonen, dass eben die deutsche Sprache zwar notwendig, aber nicht allein ausreichend ist, wenn man es in der Mehrzahl mit internationalen Geschäftsleuten zu tun hat.

Ein anderer Einwand war, dass die Dienstkleidung als übertrieben empfunden wurde. Ich finde, man kann für oder gegen Dienstkleidung sein, aber sie wird bestimmt helfen, unerfreuliche Anblicke zu vermeiden, wie beispielsweise kurzbehoste Fahrer, denen der Bierbauch aus dem T-Shirt quillt.

Noch ein Beispiel zum Thema frommer Wunsch und Realität: In der Taxiordnung steht, dass der Fahrgast das Kommando über alle Fenster hat sowie über die Lautstärke des Radios und auch bestimmen kann, ob der Fahrer rauchen darf. Nur – weiß das irgendjemand? Diese Dinge sind in der Öffentlichkeit kaum bekannt. Der Service-Taxifahrer raucht von sich aus nicht im Wagen und dreht auch das Radio nicht laut.

Die Stoßrichtung des Projekts war: Nicht die schlechten und inkompetenten Fahrer werden aussortiert (weil schwierig bis unmöglich), sondern die besten werden zertifiziert und den Kunden, die darauf Wert legen, angeboten – natürlich ohne Aufpreis, was auch gesetzlich gar nicht möglich ist. Gewünschtes Ergebnis: Die Service-Taxifahrer bekommen mehr und lukrativere Aufträge. Auch deshalb gehörte ich damals zu den allerersten Fahrern, die sich als Service-Taxifahrer zertifizieren ließen.

Ein ganz anderer Ansatz wird in Berlin verfolgt, und zwar am Flughafen Tegel. Hier musste jedes Taxi, das in TXL Aufstellung nahm, 70 Euro pro Jahr bezahlen. Im

Sommer 2009 beschloss die Berliner Flughafengesellschaft dann folgende Änderung: Pro Durchfahrt zum Nachrückplatz werden 50 Cent fällig, welche als Zuschlag vom Fahrgast zu entrichten sind. Dafür setzt die Flughafengesellschaft Aufsichtskräfte ein, die kontrollieren, ob die Autos sauber sind, Kreditkarten angenommen werden, keine Kurzstrecken verweigert werden und die Fahrer Englischkenntnisse besitzen.

Abgesehen davon, dass sich mir schwer erschließt, wie die beiden letzten Punkte überhaupt geprüft werden sollen, scheint diese Regelung mehr den Kassen der Flughafengesellschaft zu nutzen als den Fahrgästen. Eine schnelle Überschlagsrechnung zeigt: Zahlten die Taxifahrer vorher 70 Euro pro Jahr, so nimmt der Flughafen jetzt mehr als das Zehnfache pro Fahrer ein. Wenn man im Schnitt davon ausgeht, dass ein typischer Flughafenfahrer sechsmal am Tag einlädt, und das fünf Tage die Woche – mit 20 Tagen Urlaub pro Jahr –, kommt man in der Rechnung auf satte 720 Euro, die der Taxifahrer an den Flughafen weitergibt. Wohlgemerkt: nur weitergibt. Zahlen muss die 50 Cent Aufpreis pro Fahrt ja der Fahrgast. Ob so etwas geeignet ist, die Servicewüste Deutschland in eine Oase zu verwandeln – ich glaube, eher nicht.

Aber wir können uns trösten, indem wir einen Blick auf das Ausland werfen, dort sind die Zustände rund ums Taxifahren teilweise viel schlimmer. Zum Beispiel in Peking, wo die Taxifahrer vor der Olympiade 2008 auf Herz und Nieren geprüft wurden, ob sie halbwegs den westlichen Ansprüchen genügen. Dass es dort zu einem Verständigungsproblem kommen würde, war unvermeidlich und, wie ich finde, auch nicht tragisch. Natürlich spricht von den chinesischen Taxifahrern kaum jemand Englisch. Das sehe ich noch nicht so kritisch, solange man als Gast aus Europa daran denkt, sich die Adresse, wo man hin möchte, vorher auf einem Zettel notieren zu lassen oder gleich einen entsprechenden Reiseführer mitzunehmen. Viel schlimmer finde ich, dass die Fahrer dort ganz nach chinesischer Sitte rotzen und spucken, wie es ihnen gerade beliebt.

Damit hätte dann pünktlich zur Olympiade endgültig Schluss sein sollen. In dem Bemühen, sich bei den Olympischen Spielen möglichst makellos zu präsentieren, hatte die Stadt Peking damals zig Vorschriften für die Taxifahrer erlassen. Ab Mitte Juli sollten die Chauffeure weder einen Bart tragen noch sich den Kopf kahlscheren dürfen. Die Behörden wollten so erreichen, dass die Fahrer bei ihren Gästen einen gepflegten Eindruck hinterlassen. Zuvor hatte die Verkehrsbehörde bereits Taxifahrerinnen das Tragen »allzu modischer« Frisuren und Ohrringe untersagt. Zudem wurden die Frauen angewiesen, sich adrett zu kleiden. Noch kurioser: Kleine Notizzettel sollten daran erinnern, sich morgens die Zähne zu putzen und sich zu waschen. Ob das dann alles so reibungslos funktioniert hat, wage ich zu bezweifeln. Aber vielleicht haben die Chinesen ja einfach mehr Personal, um regelmäßige Geruchskontrollen durchzuführen.

Anders sehe ich dagegen die Sache mit dem Essensverbot. Demnach sollten die Taxifahrer in China bei der Olympiade nichts mehr in ihrem Wagen verzehren dürfen. Da tun mir meine asiatischen Kollegen wieder herzlich leid. Es ist einfach so, dass man als Taxifahrer – und das gilt höchstwahrscheinlich für alle Länder – überdurchschnittlich lange arbeitet, und das bei unterdurchschnittlicher Bezahlung. Ein kleines Schläfchen und ein Sandwich in der Kutsche sollten deshalb schon drin sein. Solange das Fahrzeug danach nicht schmutzig ist und der Fahrer nicht nach Knoblauch stinkt, wohlgemerkt.

Berlins Taxis beliebt in Europa

Nach einer Erhebung sind Berlins Taxis im internationalen Vergleich bei Taxikunden äußerst beliebt. An der Freundlichkeit der Fahrer hapert es zwar etwas, dafür gelten die Autos und der Fahrstil als sehr sicher. Berlin landete auf dem sechsten Platz der weltweiten Beliebtheitsskala. Bei den deutschen Befragten kam die Stadt sogar auf Platz zwei, hinter London und vor New York.

Die Top Ten der beliebtesten Taxistädte:

1. London
2. New York
3. Madrid
4. Paris
5. Barcelona
6. Berlin
7. Dublin
8. Edinburgh
9. Las Vegas
10. Sydney

Manchmal ist die Servicebereitschaft aber auch ein sehr schmaler Grat. Einerseits ist es für mich als Taxifahrer selbstverständlich, einige Grundregeln zu beachten. Andererseits gibt es auch Grenzen. Man muss immer abwägen, wo Diensteifrigkeit einem selbst und dem Fahrgast wirklich nützt.

Aus Anlass der Freundlichkeitskampagne des Senats »Mit Herz und Schnauze« schickte die *Berliner Zeitung* einen Neuseeländer durch die Stadt, der auf Englisch um Auskünfte bat. Der Versuch verlief im Großen und Ganzen erfreulich, bemängelt wurde, dass die Testperson an einem Taxistand vom ersten Fahrer in der Reihe wortlos nach hinten geschickt wurde. Nun hätte der Kollege wirklich etwas höflicher sein und einige erklärende Worte anbringen können, das gebe ich zu. Aber richtig gehandelt hat er trotzdem.

Warum? Auch mir ist es schon einige Male passiert, dass ich, an erster Position befindlich, um Auskünfte gebeten wurde. Als ich noch unerfahrener war, gab ich des Öfteren, höflich, wie ich bin, die gewünschte Auskunft. In der Zwischenzeit kam ein Fahrgast, sah, dass ich beschäftigt war, und nahm das nächste Taxi. Und ich zog den Kürzeren.

Seitdem schicke ich alle Frager mit einer kurzen Erklärung nach hinten, sehr viele Leute wissen dies schon intuitiv und gehen gleich zum zweiten Wagen. Das Einzige, was dem Fahrgast dabei widerfährt, ist, dass er drei Schritte weiter muss. Für den Fahrer jedoch kann eine solche Situation zu ganz schönen Einbußen führen.

Beim derzeitigen miserablen Fahrgastaufkommen von 1,2 Fahrgästen pro Stunde brummt man dann gut und gerne noch eine halbe Stunde länger am Taxistand.

Auch wenn man manchmal länger steht, sollte man trotzdem darauf achten, genügend Pausen zu machen. Man muss nicht um jeden Preis alle Aufträge annehmen, wenn man gerade mitten im Essen ist, zumal, wenn genügend andere Taxis bereitstehen.

Wie vor kurzem, als ich es mir mit einem frischen Milchkaffee und einer superleckeren Rahmschnecke als Vierter in der Reihe gemütlich gemacht habe. Wie schon oft in solchen Situationen nahte das Unheil von rechts: »Kann ich mit Ihnen fahren – der hier darf nur aufrecht stehen!«, krähte es durchs Seitenfenster. Wobei das »aufrecht stehen« auf den altmodisch karierten Einkaufs-Trolley (von mir insgeheim Hackenporsche genannt) bezogen war, den die etwas ältliche Dame mit sich zog. Warum sie ausgerechnet auf mich zusteuerte, ist mir ein Rätsel, schließlich standen vor mir drei freie Taxis, darunter ein Mercedes-Kombi mit ausreichend Stauraum für ihren Hackenporsche.

Ich lehnte die Fahrt schließlich ab. Es ist immer wieder dasselbe, manche werden von mir, wenn ich gerade am Essen bin und Kaffee trinke, angezogen wie die Motten vom Licht. An einem bestimmten Punkt ist eben auch mal Schluss mit dem Service-Denken. Da bleibe ich hart. Und schließlich hatte die alte Dame ja auch keinen Nachteil daraus.

Manchmal aber, und das muss ich an dieser Stelle auch mal zugeben, fällt es einem richtig schwer, freundlich zu sein zu seinen Fahrgästen. Und manchmal bleibt einem auch nichts anderes übrig, als unfreundlich zu sein. Schließlich gibt es nicht nur unmögliche Taxifahrer, sondern auch Kunden, die man so schnell wie möglich wieder loswerden will.

Ein Kommentator in meinem Blog schrieb:

»Ich fahre seit jetzt seit über fünf Jahren Taxi in Berlin, und ich könnte Storys berichten von undankbaren Fahrgästen noch und noch. Wenn man zum Beispiel zwei Damen von einem Baumarkt abholt, diese mit acht Paketen Fliesen beladen sind, die man selbstverständlich noch alle einlädt, die beiden Damen freundlichst behandelt und zum gewünschten Fahrtziel bringt sowie auf deren Bitte die acht Pakete in den dritten Stock schleppt (und für alle, die es nicht wissen: Fliesenpakete sind sehr schwer!), und man dann als Dank 30 Cent Trinkgeld erhält – dann muss man sich schon auf die Zunge beißen, um noch ein fröhliches ›Vielen Dank und einen schönen Tag noch‹ über die Lippen zu bekommen.«

Versteh mich bitte keiner falsch, aber wenn ich eines gelernt habe, dann: Undank ist der Welt Lohn. Viele Fahrgäste, ob sie es nun mutwillig tun oder nicht, erziehen Dienstleistern die Unhöflichkeit geradezu an. Natürlich bin ich weiterhin sehr zuvorkommend und höflich und übe meinen Beruf meistens mit viel Freude aus. Aber es gibt auch Kollegen, die über viele solcher Vorkommnisse nicht so einfach hinwegkommen. Was logischerweise die Folge hat, dass sie immer mehr abstumpfen. Das sind dann nämlich die Damen und Herren Kollegen, die nicht mal mehr ein »Guten Tag« herausbringen und nur noch ihre Zeit absitzen.

Dabei will ich es jetzt belassen, aber es ist mir wichtig, auch mal die andere Seite zu zeigen. Denn: »Wie man in den Wald hineinruft, so schallt es auch wieder heraus.«

Ein Besuch durch die Heckscheibe: meine besten Taxigeschichten (Teil II)

Weiter geht's, mit den skurrilsten Geschichten aus meinem Taxler-Leben. Und zwar mit vier Fahrgästen, die es darauf abgesehen hatten, in meinem Blog erwähnt zu werden. Siehe da – nicht nur das hat geklappt, sie haben es sogar bis in mein Buch geschafft:

Rekord

»Oh, der Taxiblogger!«, rief einer der vier Banker, die ich vom Hotel abholte, mit Blick auf mein Schild. »Da schreiben Sie über alle, oder? Schreiben Sie auch was über uns?«

»Ja, wahrscheinlich, dass Sie mein heutiger Tagesrekord werden.«

Die Tour mit vier Personen endete bei sagenhaften 3,80 Euro.

Ich bin der Rufer in der Wüste, es wird sich sowieso nichts mehr daran ändern:

Banglish

Wenn man den ganzen Tag überwiegend Banker durch die Gegend fährt, nervt einen dieses mit Anglizismen durchtränkte Neu-Sprech schon ein wenig.

»… Sie wissen nicht, was noch in der pipeline ist und wollen amendments haben« – »Er hat die opinion, dass die überall rumscoren …«

Also, ich finde das alles einfach nur »affish«!

Manchmal kalauere nicht nur ich, sondern auch meine Fahrgäste:

Lang, lang ist's her

Fahrgast: »Nach Oranienburg, bitte!«

»Oh, da war ich ja schon lange nicht mehr.«

»Ich auch nicht, ich komme gerade aus dem Krankenhaus.«

Lügen haben kurze Beine – in diesem Fall bestimmt:

Wer's glaubt

Morgens am Hermannplatz bekam ich vor kurzem einen Einsteiger nach Spandau – eine Riesentour. Gerade losgefahren, eröffnet mir der junge Mann, er habe eine Zwischenprüfung, aber er sollte schon vor fünf Minuten da gewesen sein, denn er habe dummerweise verschlafen.

»Da muss Ihnen jetzt eine gute Ausrede einfallen«, bemerkte ich.

»Ich erzähle am besten, mir wäre die Waschmaschine ausgelaufen.«

»Also, dass Sie am frühen Morgen vor einer Zwischenprüfung Wäsche waschen, glaubt Ihnen kein Mensch.«

Am helllichten Nachmittag wartet der Horror auf der Rückbank:

Ein ganz besonderer Rufsäulenauftrag

Am Halteplatz Hermannplatz befindet sich auch eine sogenannte Rufsäule. Über die Rufsäule bekommt man manchmal Fahrgäste, mit denen man im Traum nicht gerechnet hätte. Einmal rief ein Fischgroßhändler an, der eine Lieferung für ein Ristorante für mich hatte. Beim ersten Ampel-Stopp sträubten sich mir die Nackenhaare. In der Styroporbox hinter mir rumpelte und schabte es gar fürchterlich – die Lieferung lebte!
Am Fahrtziel angekommen, berichtete ich dem Wirt von meinem Gruselabenteuer. Der lachte nur und hob den Deckel von der Box: Ein veritabler Hummer krümmte sich darin. Na ja, wenigstens stinken die lebendig weniger, dachte ich mir. Ansonsten hätte ich mein Taxi wahrscheinlich schnurstracks zur nächsten Waschanlage bringen müssen, um an dem Tag noch den einen oder anderen Homo sapiens für mich gewinnen zu können.

Diese Holländerinnen kamen mit den gewaltigen Dimensionen in unserer Hauptstadt gar nicht zurecht:

Fernsehtürmchen

Zwei Touristinnen aus den Niederlanden stiegen am Checkpoint Charlie bei mir ein. Sie radebrechten etwas zusammen, dass sie zu »eine Säule, die wo ungefähr 85 Meter hoch« wollten und von wo aus »man ganz auf Berlin kuckt!«.

Ich schlug schon den Weg zur Siegessäule ein, da machten mich die weiteren Erläuterungen doch stutzig: »Es gibt dort eine Fahrstuhl zu eine Bowl ...«

Damit konnte eigentlich nur der Fernsehturm gemeint sein, welcher aber in seiner Höhe gewaltig unterschätzt wurde. Meine Mitteilung, dass er nicht 85 Meter, sondern 368 Meter hoch sei, wurde mit andächtigem Erstaunen quittiert. Mittlerweile war ich auf dem Weg zum Alexanderplatz, da brannte den Touristinnen doch noch eine Frage auf den Lippen: »Ist der Fahrstuhl schnell?«

»Enorm schnell, meine Damen!«

Auf genauere Ausführungen, dass nämlich der Magen etwas langsamer oben ist als der restliche Körper, verzichtete ich lieber.

Man vermutet ja alles Mögliche in den australischen Weiten, aber nicht dieses:

Australische Tram

Das australische Ehepaar, das ich am Hauptbahnhof einlud, wollte eine Woche lang Berlin besichtigen. An der Kreuzung Danziger Straße und Prenzlauer Allee, wo ich mich ganz vorsichtig in die Linksabbiegerspur hineintastete, weil eine Tram nahte, bemerkte der Mann, dass bei ihnen auch oft gefährliche Situationen mit der Tram entstünden und viele Unfälle passierten.

»You've got a Tram?!«, rief ich entgeistert.

»Yes, in Melbourne.«

Ist ja eigentlich auch logisch – peinlich, wenn man bei Australien nur an Kängurus denkt.

Wie ich einmal in der Unterwelt verlorenging:

Tückische Abkürzung

Es gibt Tage, da könnte man aus der Haut fahren. Es fing vormittags mit einer Vorbestellung an, bei der es zeitlich schon etwas knapp war. An der Junghofstraße, Ecke Roßmarkt, gab es dann auch noch einen Stau vor der Ampel. Neben mir lockte die Einfahrt zur neuen Tiefgarage unter dem Goetheplatz. Ich erinnerte mich, dass die Ausfahrt genau in die Große Gallusstraße vor der Deutschen Bank mündet, exakt meine Adresse. In jedem

Parkhaus hat man eine Karenzzeit, innerhalb deren man einfach wieder rausfahren kann, ohne bezahlen zu müssen. So fackelte ich nicht lange und huschte in die Einfahrt hinein.

Es war mein erster Besuch in dieser Tiefgarage – ein Taxi parkt ja eher selten woanders als am Taxistand –, zur Ausfahrt musste man bis ins dritte Untergeschoss fahren. Endlich an der Schranke angekommen, schob ich freudig mein Ticket in den Schlitz. »Nachzahlung erforderlich«, blitzte es mir grell entgegen.

Fassungslos fuhr ich an die Seite, damit ich nicht den Verkehr blockierte, und machte mich auf den Weg zum Automaten, der sich natürlich zwei Etagen höher befand. Nachdem sich der Aufzug zweimal vor mir öffnete und wieder schloss – immer mit denselben Leuten gefüllt –, wurde es mir zu bunt, und ich quetschte mich kurz entschlossen einfach dazu. Der Ticketautomat blinkte mir dann schließlich höhnisch »Parkzeit 4 Minuten = 1,00 €« entgegen.

Um nicht noch mehr Zeit zu verlieren, spurtete ich die Treppen runter zu meinem Taxi, Karte reingeschoben, aus der Ausfahrt raus, und was sehe ich da?

Erraten! Just in dem Moment, als ich zum Ziel einbog, stieg mein Fahrgast in ein anderes Taxi ein. Na super!

Ein winterlicher Tiefflug mit einem Gast, der aus der Kälte kam:

Rekordverdächtig

Berlin Hauptbahnhof: Die hintere Tür wird aufgerissen, zwei Taschen fliegen hinein, hinterher fliegt eine junge Dame. »Bitte ganz schnell nach Tegel!«

»Wann geht denn Ihr Flug?«

»Um 19 Uhr 10 ...«

Ich schaue auf die Uhr, es ist 18.51 Uhr.

»Vielleicht gibt es ja eine Verzögerung«, bemerkt die Frau, die sich mittlerweile als Finnin entpuppt hat und nach Helsinki möchte. Zwei Stunden Verspätung hatte ihr Zug von Dresden gehabt. Es ist doch immer das Gleiche: Sobald drei Schneeflocken vom Himmel herabschweben, wird das olle Gerümpel der Bahn sofort lahmgelegt.

Rasant mache ich mich auf den Weg, und schon nach zwölf Minuten schlagen wir am Airport auf. Unfassbar, bei dem winterlichen Wetter! Na ja, es waren eben auch etwas weniger Autos als sonst unterwegs.

Ich wünsche ihr noch viel Glück, das Trinkgeld war mit 5 Euro äußerst zufriedenstellend.

Später, als der nächste Fahrgast zusteigt, bemerke ich erst, dass die Dame auch noch ihren Häkelschal vergessen hat. Hoffentlich erfriert sie mir nicht in Finnland!

Meine »schwergewichtigen« Kunden strapazierten meinen Rücken und meine Geduld ganz schön:

Möbelpacker

Manchmal ist man nicht nur Taxifahrer, sondern auch Möbelpacker. Das Hi-Fi-Möbel, das ich vom Laden zum Kunden bringen sollte, wog deutlich über 100 Kilo. Ich bin skelett-technisch etwas gehandicapt, was das Tragen schwerer Lasten anbetrifft. Am Zielort angekommen, wuchtete ich das Teil gemeinsam mit seinem Besitzer in dessen Wohnung. Der Rücken schmerzte mir noch tagelang.

Dafür hat er sich beim Trinkgeld – 1,50 Euro, für eine Fahrt von höchstens drei Minuten – wirklich nicht lumpen lassen.

Es ist doch nicht zu fassen, was heutzutage alles gestohlen wird:

Gegenteil von Mundraub?

Ich stehe vor dem NH-Hotel in der City, dösend, mitten im Mittagsloch. Plötzlich kommen zwei Rezeptionisten aus dem Eingang gestürzt, laut rufend und pfeifend beginnen sie, die Verfolgung zweier Leute aufzunehmen.

Klassischer Fall von Hotel-Zechprellerei, denke ich. Minuten später kehren sie zurück – in den Händen ein halbes Dutzend Klopapier-Rollen …

Ach ja, die Sicherheitsleute sind mir doch immer am liebsten!

Schnellmerker

Wachleute sind ja so eine Spezies für sich. Ich bekomme einen Funkauftrag an der neuen Börse in Frankfurt, fahre direkt vor das Wachhäuschen (wie immer), steige aus und sage zum Wachmann: »Für Frau Meier für Viertel vor, bitte.«

Wachmann: »Was, Taxi?«

»Nee, ich bin die Pediküristin!«

Der Satz, den ich als Taxifahrer nie, wirklich nie wieder hören möchte:

Dämliche Bemerkung

Wie lautet der Schlüsselsatz für eine Fehlfahrt? Er lautet: »Oh, der Herr müsste eigentlich draußen stehen.«

Wie ich diesen blödsinnigen Satz hasse! Schon von der Logik her ist er völlig deplaziert: Würde ich denn, wenn ein Fahrgast draußen stünde, diesen übersehen und beim Empfang der Anwaltskanzlei klingeln? Oder umgekehrt: Würde der Fahrgast *mich* übersehen mitsamt meinem elfenbeinernen Gefährt, welches für ihn ja das ersehnte Objekt ist? Natürlich in keinster Weise – dieser dämliche Satz bedeutet stets, dass der vielzitierte »nette Kollege« schon da war.

Die einzig tolerable Version dieses Satzes ist übrigens: »Sorry, der Herr stand leider schon auf der Straße.«

Der geheimnisvolle Banker mit Rollator:

Dr. Berta

Mit der Berta-Karte können – wie bereits erwähnt – sozial Bedürftige, die behindert sind, in Frankfurt für bis zu 23 Euro pro Einzelfahrt Taxi fahren und müssen dafür lediglich einen Eigenanteil von 75 Cent bezahlen.

Einmal bekam ich folgenden Auftrag auf mein Display:

Theodor-Heuss-Allee
Deutsche Bank
Dr. Schulze
mit Berta-Karte
Bitte behilflich sein

Ich geriet auf der Fahrt zum Auftrag ganz schön ins Grübeln: ein Doktor, der bei der Bankzentrale beschäftigt und sozial bedürftig ist? So schlecht ging es doch dieser Bank gar nicht. Beschäftigen sie vielleicht alte, gebrechliche Ex-Banker ohne Rentenanspruch? Denen sonst zu Hause die Decke auf den Kopf fiel? Aber nur ehrenamtlich, weil sonst nicht sozial bedürftig? Fragen über Fragen …

Der Doktor war putzmunter, jung und solvent. Und er bezahlte mit seiner Kreditkarte.

Manchmal könnte ich die Mitarbeiter der Zentrale so richtig knuddeln!

Manche Anfragen der Zentrale produzieren geradezu zwangsläufig Galgenhumor:

Kofferpfand

Anfrage der Zentrale: »Hat jemand von einer Fahrt vom Hauptbahnhof zum Hessischen Hof (eine Strecke von etwa 500 Metern) noch einen Koffer im Auto?«

Keine Reaktion …

Ich antworte: »Den hat der Kollege bei dieser Tour wahrscheinlich als Entschädigung einbehalten!«

Über unliebsame Bekanntschaften mit tief fliegenden Verkehrsteilnehmern:

Plötzlicher Besuch

Folgendes ist einem Kollegen passiert: Er steht an einer roten Ampel und denkt an nichts Böses. Plötzlich tut es hinter ihm einen Schlag, er fährt herum – über dem Beifahrersitz hängt ein Radfahrer!

Der Junge war wohl irgendwie abgelenkt und krachte meinem Kollegen mit Karacho ins Hinterteil, wobei er den Eingang durch die Heckscheibe wählte. Außer einer

Platzwunde am Kopf waren keine Verletzungen erkennbar, er kam trotzdem vorsichtshalber ins Krankenhaus.

Der Kollege, ein gewissenhafter Auto-Putzer, beklagte sich noch Wochen später bei mir, es würden immer noch neue Glaskrümel auftauchen. Mit reichen Erfahrungen gesegnet, was Scheibenbrüche betrifft, konnte ich ihm glaubhaft versichern, dass dies wohl noch so circa ein Jahr lang anhalten würde.

Wer alles auf meinem Blog landet und was diese Leute eigentlich gesucht haben, wird durch Statistikprogramme festgehalten – und was bei Google eingegeben wird, ist häufig zum Schießen:

Google-Prosa

Eine kleine Aufstellung der Google-Suchbegriffe, welche zu meiner Taxiblogger-Site geführt haben:

»Kommt doch Taxi 4« – kamen die vier Taxis wirklich?

»Gangster aus Germersheim« – kenne ich nicht, möchte ich aber auch nicht wirklich kennenlernen.

»Corona Bier Deutschland« – ja, das gönn ich mir, hicks!

»Raupe in Alkohol« – Biologe oder Mezcal-Fan?

»Zumutung« – wer, ich??

»Vor- und Nachteile der WM« – nun ja, Nachteil: Wir werden nicht Weltmeister, Vorteil: 2006 war der Heimweg nicht so weit.

»Ich wollt ich wär' ein Huhn« – dann hätt' ich nichts zu tun – außer, komische Liedtexte bei Google zu suchen.

»Pleiten, Pannen, Unfälle« – die große Taxi-Show mit den Superstars der Szene!

»Entweder große Hoden oder« – kleine Hirne?

»Keine Bange, mein Herr, das ist nur eine Abkürzung«: der tägliche Betrug

Die Stichproben des ADAC haben gezeigt, dass es mit der Routentreue bei vielen Kollegen nicht so weit her ist. Nicht immer werden die Fahrgäste auf dem kürzesten Weg zum Ziel gebracht. Warum, ist auch klar: Der Taxifahrer verdient mehr, wenn er einen kleinen Umweg nimmt. Oft ist es mangelnde Ortskenntnis, doch zuweilen sind kleinere oder auch größere Betrügereien im Spiel. Auch ich bin schon des Öfteren, allerdings unbeabsichtigt, einen Umweg gefahren, man ist ja auch nicht allwissend oder manchmal einfach gedankenlos. In solchen Fällen gehört es aber für mich zum guten Ton, das Taxameter abzuschalten oder etwas vom Fahrpreis abzuziehen. Was natürlich nicht bedeutet, dass alle es so genau nehmen mit der Route.

Wobei die deutschen Taxifahrer hier geradezu Waisenknaben sind gegenüber dem Ort, der es hier zum unangefochtenen Spitzenreiter gebracht hat. Werfen wir kurz einen Blick über die Grenze, und zwar nach Prag. Die Taxifahrer der tschechischen Hauptstadt sind berüchtigt für ihre Betrügereien. Ihre dreisten Manöver sind legendär. Touristen, denen man an der Nasenspitze ansieht, dass sie ortsfremd sind, zahlen für eine kurze Strecke zwischen Hotel und Hauptbahnhof schon einmal 200 Euro.

Die Fahrer gehen hierbei äußerst kreativ vor. Mit einem eigens eingebauten »Turbo« lassen etliche das Taxameter mit doppelter Geschwindigkeit laufen und verdoppeln auf diese Weise den Fahrpreis, ohne dass der Fahrgast etwas davon mitbekommt. Viele der jährlich etwa drei Millionen Besucher klagen über immer dreistere Taxi-Betrüger. Der Prager Bürgermeister höchstselbst ist deshalb jedes Jahr inkognito unterwegs, um sich ein Bild davon zu machen. Beim letzten Mal trat er in Rockerkluft auf, und als er in Euro bezahlen wollte, wurde flugs der Fahrpreis verdoppelt.

Von Seiten der Stadtverwaltung soll es den Schlitzohren jetzt an den Kragen gehen. Die Abzocker müssen nun mit Strafen von bis zu 34 000 Euro rechnen, Wiederholungstätern soll die Lizenz entzogen werden. Namen, Ordnungsnummer und Verstoß werden auf der Internetseite des Rathauses veröffentlicht, so dass keiner mehr ungeschoren davonkommt.

Die schwarzen Schafe werden von Undercover-Agenten gejagt: Studenten mit Fremdsprachenkenntnissen tarnen sich als Touristen und führen Testfahrten durch. Wer mehr als den von der Stadt vorgeschriebenen Preis von 75 Cent pro Kilometer verlangt oder sich weigert, eine Quittung auszustellen, wird belangt.

»Die Botschaft hör ich wohl, allein, mir fehlt der Glaube!«, denken trotzdem viele: Erst neulich gab es ein Urteil eines Prager Gerichts, in dem ein Taxichauffeur freigesprochen wurde, der mit einem doppelt so hohen Kilometerpreis wie genehmigt auf Kundenfang war. Begründet wurde dies mit der Tatsache, dass der Fahrer ja seinen Preis außen an der Tür angebracht habe.

Bei uns in Deutschland wären glücklicherweise derartig drastische Betrügereien nicht möglich, da sind die Ordnungsbehörden und Eichämter davor. Hierzulande herrscht Tarifpflicht, das heißt, es darf nur der Fahrpreis kassiert werden, den das geeichte Taxameter ausweist, nicht mehr und übrigens auch nicht weniger. Letzteres bedeutet, dass im Tarifgebiet, das heißt im »Pflichtfahrgebiet« (in der Regel eine Gemeinde bzw. eine Stadt), der Fahrpreis nicht frei vereinbart werden darf, etwa nach dem Motto: »Fährste mich für 20 Euro zum Flughafen?« Ich würde mich auch tunlichst nicht darauf einlassen, es könnte ja ein Mitarbeiter der Ordnungsbehörde sein.

Dies alles gilt nicht bei einer Fernfahrt. Bei einer solchen Tour, die über die Grenze des Pflichtfahrgebietes hinausführt, wird der Fahrpreis vor Fahrtbeginn frei vereinbart. Das Taxameter *kann* hier natürlich ebenfalls eingeschaltet werden, was ich in der Regel bei Fahrten nur kurz über die Tarifgrenze hinaus auch tue.

Mietwagen und Taxi

Was ist eigentlich der Unterschied? Ich spreche hier nicht von einem Leihwagen, den ich bei Sixt oder Europcar mieten kann, sondern von einem Fahrzeug, welches mich mit einem Fahrer von A nach B bringt und kein Taxi ist. So etwas ist auf dem Lande verbreiteter als in der Großstadt, dies sind die Unterschiede:

- Der Mietwagen hat kein Taxischild auf dem Dach und keine Ordnungsnummer am Heck.
- Der Fahrpreis wird nicht mit einem Taxameter, sondern mit einem Wegstreckenzähler ermittelt, der lediglich die Entfernung misst.
- Mietwagen dürfen nur auf Bestellung fahren und nicht auf der Straße oder an Halteplätzen Fahrgäste aufnehmen.
- Mietwagen müssen nach Erledigung eines Fahrauftrages stets zum Firmensitz zurückfahren.
- Der Fahrpreis im Mietwagen ist verhandelbar, im Taxi nicht (Tarifpflicht).

Die Pflicht zum Einschalten des Taxameters bedeutet auch eine Sicherheit für den Fahrgast, so erlebt er keine unliebsamen Überraschungen. Immer, wenn das Taxameter aus bleibt, sollte man misstrauisch werden und den Fahrer darauf hinweisen. Einen ehrlichen Fahrer bringt man damit nicht in Verlegenheit, im Gegenteil: Ich selber, der ich das Einschalten schon öfter mal einfach vergesse, bin dafür stets dankbar.

Genau mit dieser Masche, dem ausgeschalteten Taxameter, nehmen am Flughafen Tegel in Berlin einige »Kollegen« vor allem ausländische Fahrgäste aus.

Einer prahlte erst neulich damit, dass er für die Fahrt

vom Flughafen in die Stadt völlig überhöhte »Pauschalpreise« fordert, wenn ihm jemand so unbedarft daherkommt. So verlangte er schon mal für eine Tour vom Flughafen Tegel zur Prenzlauer Allee rund 70 Euro. Diese Fahrt kostet im Normalfall weniger als ein Drittel, nämlich 20 bis 23 Euro. Sein Gast wollte den Preis noch herunterhandeln, aber das Schlitzohr gab vor, kein Englisch zu verstehen. Davongekommen ist er damit allerdings nicht: Kurze Zeit später bekam die Ordnungsbehörde Wind von dem Vorfall. Der Kunde hatte sich beschwert, und ein Mitarbeiter des Taxiunternehmens fuhr daraufhin ins Hotel und überreichte dem geprellten Kunden 50 Euro als Wiedergutmachung. Der Taxifahrer musste 566 Euro Bußgeld und die Verfahrenskosten zahlen.

Ein anderer Preiskünstler fuhr von TXL über Spandau nach Berlin-Mitte. Der Fahrgast fiel aus allen Wolken, als er abends mit einem anderen Taxi wieder zurück zum Flughafen fuhr und nur die Hälfte bezahlen musste. Ich selbst hatte vor kurzem solch ein Opfer im Auto. Der geschniegelte Anzugträger aus Süddeutschland stieg nachmittags am Alexanderplatz vor dem Park Inn Hotel ein und wollte nach Tegel. Ich fuhr los und erreichte den Flughafen mit 21,80 Euro auf dem Taxameter. Überrascht fragte er mich, wie hoch denn unser Nachttarif sei. Ich entgegnete, so etwas hätten wir in Berlin gar nicht, der Fahrpreis sei Tag und Nacht gleich. Woraufhin er berichtete, dass ihn vor ein paar Tagen spätabends ein Taxifahrer vom Flughafen zum Hotel für 40 Euro gefahren habe. Ich klärte ihn darüber auf, dass er leider einem schwarzen Schaf aufgesessen ist und abgezockt wurde.

Viele Taxikunden wundern sich darüber, dass sie morgens für, sagen wir, 12 Euro vom Flughafen in die Stadt gefahren werden und abends für 22 Euro wieder zurück. Wenn ein Fahrgast die Route reklamiert, dann bekommt er oft Frechheiten zu hören.

Ich kann diesen Kunden immer nur raten, sich zu beschweren. Man sollte sich eine Quittung ausstellen lassen über den Betrag und über Starts und Ziel der Fahrt und die Quittung anschließend der Ordnungsbehörde übersenden. Mit diesem Beleg hat der betrügerische Kollege praktisch schon sein eigenes Urteil unterzeichnet. Siehe oben: Im Wiederholungsfall muss der Fahrer übrigens mit dem Entzug des Führerscheins zur Fahrgastbeförderung rechnen.

Man sollte den Fahrgast immer, wenn er nichts anderes wünscht, auf dem kürzesten Weg zum Ziel befördern. Im Zweifel lieber einmal in den Stadtplan schauen oder das Navigationssystem benutzen, falls vorhanden. Das wäre Ihnen in der Situation doch auch lieber, oder?

Als Taxifahrer sollte man daran denken, dass man sich letztendlich ins eigene Fleisch schneidet, wenn man wegen ein paar Euro Umwege fährt: Entweder es kommt heraus, weil sich die Fahrgäste beschweren, oder diese sind derartig frustriert, dass sie mir und meinen Mitbewerbern als Kunden für immer verlorengehen.

Die Vorbereitung des Betrugs ist immer gleich und noch nicht einmal besonders originell. Der Fahrgast wird gefragt, ob er das erste Mal in der Stadt sei. Bejaht er dies, wissen die Fahrer, dass sie hier leichtes Spiel haben, da es sich um ein ahnungsloses Opfer handelt. Den Kunden sind aus vielen Ländern Festpreise für Flughafenfahrten bekannt. In Deutschland ist das allerdings nicht gestattet.

Ich entgegne übrigens jedem Fahrgast, der mir in seinem Mitteilungsdrang erzählt, dass er das erste Mal in Berlin sei: »Erzählen Sie das bloß keinem Taxifahrer!«

Als ich vor zwei Jahren mal auf Fuerteventura am Flughafen ankam, bin ich dem Trick selbst auf den Leim gegangen. Ich stieg in ein Taxi ein, das mich zu meinem Hotel fahren sollte. Obwohl ich dem Fahrer sogar noch erzählte, dass ich ein Kollege aus Deutschland sei, fuhr er mich unbeeindruckt auf einem größeren Umweg zu meinem Ziel. Als ich die Strecke bei meiner Abreise mit dem Bus zurücklegte, merkte ich es. Am besten ist es wirklich, wenn man so tut, als wäre man dort zu Hause, wo man mit dem Taxi hinfahren will. Auf dem Weg in ein Hotel könnte man sich zur Not als Geschäftsreisender ausgeben, der regelmäßig in der Stadt ist.

Aber selbst Ortskenntnis schafft manchmal keine Abhilfe, die Taxifahrer haben da schon ihre Tricks, wie sie einen mehr oder weniger großen Umweg einbauen können. Sehr beliebt: »Keine Bange, mein Herr, das ist nur eine Abkürzung«; »Da vorne ist die Straße gesperrt« oder »Auf der Autobahn ist ein Riesenstau«. Vor allem in Großstädten, wo ohnehin immer gebaut und aufgerissen wird, glaubt einem das fast jeder.

Die Euro-Umstellung hat damals übrigens eine Steilvorlage für Betrügereien geboten: Die Kollegen stellten in den ersten Monaten 2002 ihr Taxameter einfach nicht um und kassierten die Fahrpreise statt in D-Mark jetzt in Euro.

Manchmal kommt die Abzocke der Fahrgäste aber auch quasi von Amts wegen. Vor dem Flughafen Schönefeld stehen Taxis, deren Betriebe ihren Sitz in Berlin und im Landkreis Dahme-Spree, auf dessen Gebiet sich der Flughafen Schönefeld befindet, haben. Mein Tipp: Seit einiger Zeit ist man gut beraten, wenn man in Schönefeld vor dem Einsteigen in ein Taxi das Kennzeichen genauer begutachtet. Grund: der Landkreis Dahme-Spree hat die Taxitarife angehoben, für den Nachttarif (ab 22.00 Uhr; Berlin hat zurzeit keinen Nachttarif) sogar deutlich. Dieser Tarif-Mix führte dazu, dass ein Fahrgast für die Fahrt nach Weißensee mit einem Dahme-Spree-Taxi 48 Euro zahlen musste, seine Bekannten mit einem Berliner Taxi lediglich 35 Euro.

Ebenfalls ein ganz großes Problem in Sachen Betrug ist die Schwarzarbeit, die im Taxigewerbe gang und gäbe ist. Taxifahren und nebenbei Arbeitslosengeld zu kassieren gehört offensichtlich bei etlichen zum guten Ton. Und einige Betriebe machen hier fleißig mit, wahrscheinlich, weil sie sonst gar keine Fahrer mehr bekommen würden. Der Taxifahrermarkt ist nämlich leergefegt, vor allem in Berlin sieht man immer mehr Wagen mit einem »Fahrer-gesucht«-Schild im Fenster.

Am teuersten in Karlsruhe – Taxipreise in Deutschland

Wie viel kostet eine fünf Kilometer lange Taxifahrt jeweils in den verschiedenen deutschen Städten eigentlich? Hier die Tarife vom Frühjahr 2010

Karlsruhe 12,30	Dortmund 9,60
Stuttgart 12,20	Duisburg 9,60
Ulm 11,90	Flensburg 9,50
Ingolstadt 11,65	Chemnitz 9,40
Heidelberg 11,50	Bochum 9,25
Hamburg 11,48	Kiel 9,00
Berlin 11,45	Mönchengladbach 8,80
Schwerin 11,40	Lübeck 8,90
Mainz 11,10	Gera 8,60
Frankfurt am Main 11,00	Erfurt 8,55

Die Tricks, um die Schwarzarbeit zu verschleiern, sind immer die gleichen. Es gibt jede Menge Aushilfsfahrer, angebliche Teilzeitkräfte, die offiziell für 400 oder 500 Euro arbeiten, in Wirklichkeit aber Vollzeit hinterm Steuer sitzen. Hartz-IV-Empfänger zum Beispiel fahren 60 Stunden in der Woche Taxi und melden lediglich einige hundert Euro als Zuverdienst an. Den Rest gibt's dann bar auf die Hand, was leider Gottes sowohl den Betrieben als auch den Fahrern ganz recht ist.

Viele Taxifahrer betrügen allerdings nicht nur den Staat oder ihre Kundschaft, sondern auch ihren Brötchengeber. Beliebt ist hier das Fahren ohne Taxameter, vor allem in der Nachtschicht. Eine Menge Kneipengäste schätzen es eben, sich pauschal für einen Zehner in die nächste Lokalität fahren zu lassen. Der Schein wird eingesteckt und bei der Abrechnung einfach »vergessen«. Manche Unternehmen haben deshalb schon vor vielen Jahren sogenannte Sitzkontakte in die Taxis eingebaut. Diese sorgen dafür, dass automatisch das Taxameter anspringt, wenn auf den Sitzen jemand Platz nimmt. In Frankfurt hat praktisch jeder größere Betrieb diese Sitzkontakte, in Berlin niemand, aus dem gleichen Grund wie oben bereits geschildert: Bei dem eklatanten Fahrermangel kann sich ein Taxibetrieb hier gar nicht erlauben, so etwas bei sich einzubauen – die Fahrer würden in Scharen davonlaufen.

Fast ein Examen: der Taxischein

Ich besitze insgesamt drei Taxischeine, offiziell »Führerschein zur Personenbeförderung« oder auch »P-Schein« genannt, und zwar für Darmstadt, Frankfurt am Main und Berlin. Neben dem normalen Führerschein gibt es noch ein paar Anforderungen, die wir Taxifahrer erfüllen müssen, damit wir loslegen können: So muss man mindestens drei Jahre im Straßenverkehr unterwegs sein, es gibt also ein Mindestalter von 21 Jahren, bevor man überhaupt zu den Prüfungen zugelassen wird. Dann gibt es da noch eine ärztliche und augenärztliche Untersuchung. Taxifahrer dürfen keine Rot-Grün-Schwäche, keinen Diabetes und keine Herz-Kreislauf-Erkrankung haben, was bei Licht betrachtet auch nicht überrascht.

Was kostet der Spaß? In Berlin muss man für den Antrag 42,60 Euro berappen, dazu 13 Euro für das polizeiliche Führungszeugnis und 55 Euro für die erste Prüfung. Dabei ist es egal, ob man besteht oder nicht – die Prüfungsgebühr ist in jedem Fall weg. Im Laufe der Ausbildung zum Taxischein fallen dann noch weitere Kosten an: 107 Euro für ärztliche Untersuchungen und circa 75 Euro für den zur Ortskundeprüfung gehörigen Lehrgang.

Ausgestellt wird der Taxischein für eine Dauer von fünf Jahren, bei der Verlängerung muss jedes Mal wieder eine ärztliche und augenärztliche Untersuchung durchgeführt werden, Kostenpunkt 48 Euro. Wenn man es länger als bis zum sechzigsten Geburtstag im Taxi aushält, muss man zusätzlich noch einen Funktions- und Reaktionstest machen.

Ab einer Einwohneranzahl von 50 000 ist eine Ortskundeprüfung abzulegen, die wohl die größte Herausforderung ist – je nach Größe der Stadt natürlich. Die Erlangung des ersten Scheines in Darmstadt war ein Spaziergang. Es mussten circa 100 Straßen sowie einige Friedhöfe, Krankenhäuser und Hotels gekannt werden, der Lernaufwand war minimal. Es gab nur eine schriftliche Prüfung.

Die Ortskenntnisprüfung für Frankfurt am Main war schon erheblich anspruchsvoller. Hier musste man einige hundert Straßen und Plätze parat haben, eine Vielzahl von Objekten wie Hotels, Kasernen, Krankenhäuser – und es gab eine mündliche Prüfung. In dieser musste man zwei von drei Zielfahrten richtig lösen. Um diese Fragen richtig zu beantworten (man durfte keine Straße, die man befuhr, vergessen), war es nötig, das grundlegende Straßennetz Frankfurts im Kopf zu haben.

Berlin aber war die härteste Nuss, wie man sich wohl denken kann. Aufgrund der enormen Größe der Stadt war es hier nicht mehr mit ein paar Tagen Auswendiglernen getan.

Ich kannte Berlin zwar von etlichen Besuchen, aber ich musste mir eingestehen, dass ich doch immer nur als Tourist dort gewesen war. Im Mai 1990 zog ich in die durch den Mauerfall nun für mich äußerst spannend gewordene Metropole. Aber da ich auch in der neuen alten Hauptstadt mein Brot als Taxifahrer verdienen wollte, holte ich mir gleich nach dem Umzug die Unterlagen für die Berliner Ortskenntnisprüfung ab – nicht ohne vor Schreck erst einmal zu erstarren: 9 500 von insgesamt etwa 13 000 Straßen (inklusive Begrenzungen bzw. Verlängerungen) musste ein Taxifahrer in spe draufhaben, neben einer Unzahl von öffentlichen und touristischen Objekten und über hundert Zielfahrten (von A nach B irgendwo in Berlin unter Nennung jeder einzelnen Straße, die man befährt)! Im schriftlichen Teil wurden dann 30 Fragen aus dem Ortskundekatalog gestellt und im mündlichen Teil bis zu drei aus über hundert Zielfahrten abgefragt. Zusätzlich konnten noch Fragen gestellt werden wie zum Beispiel, wie die Nebenstraßen vom Kurfürstendamm heißen oder wie man am besten zu bestimmten Hotels oder Krankenhäusern kommt.

Angesichts dieser Prüfung verwundert es nicht, dass die Durchfallquote bei 30 Prozent liegt und bei weitem die höchste in ganz Deutschland ist. Immerhin, meine Bewerbergruppe war die letzte, die lediglich Westberlin lernen musste, für die nachfolgenden Prüfungskandidaten kam mit Ostberlin noch eine komplette Millionenstadt hinzu, die den meisten noch dazu unbekannt war.

O. K., die Straßen waren reine Paukerei, doch für die Zielfahrten musste ich mir den Stadtplan fotografisch einprägen. Wie sollte ich das bloß hinkriegen? Zunächst beschloss ich, die vorgegebenen Strecken quasi physisch mit dem Auto abzufahren, aber das ließ ich schnell wieder bleiben. Dieses Unterfangen hätte Wochen gedauert, in denen ich dann wiederum nicht zum Auswendiglernen gekommen wäre.

Nach zwei Tagen hatte mich schon der Mut verlassen. Die Infos aus dem Landeseinwohneramt über die hohe Durchfallquote waren wirklich demotivierend. Ich musste es aber trotzdem versuchen, eine andere Wahl hatte ich im Grunde auch nicht. Woher sollte das Geld für die Miete sonst kommen? So erstellte ich mir einen knallharten Arbeitsplan: von morgens acht bis abends um sieben Auswendiglernen. Dieses Programm zog ich dann vier Wochen lang jeden Tag durch, einzige Ablenkung: die allabendlichen Spiele der Fußball-WM, die damals in Italien stattfand.

Und die Plackerei trug Früchte. Nach einem Monat hatte ich das Berliner »Basisnetz« (alles, was im Stadtplan gelb ist) wirklich im Kopf. Ich war bereit, auch wenn ich mit meinen Kräften so ziemlich am Ende war.

Ende Juni konnte ich also an der Ortskenntnisprüfung teilnehmen. Zunächst gab es einen schriftlichen Teil, bei dem man mit circa 30 Leuten in einem Raum saß und etwa eine Stunde Zeit hatte. Zwei Prüfer wieselten um die Tische herum, voneinander abzuschreiben war nicht möglich. Die Situation erinnert im Grunde an die Theorieprüfung zum Führerschein. Nur wer den schriftlichen

Test bestand, wurde anschließend zur mündlichen Prüfung zugelassen, in der man schließlich die Zielfahrten runterbeten musste.

Dabei hatte ich ziemliches Glück: Es gibt ein paar Klassiker unter den Routen, auf die man sich einfach vorbereiten muss, weil sie so oft Prüfungsgegenstand sind. Ich bekam die beliebte und gerne genommene Kurzstrecken-Frage von der Kruppstraße bis zur Kirchstraße in Moabit gestellt, auf diese hatte ich mich explizit vorbereitet. Ich beantwortete zwei von drei Fragen richtig, was damals noch ausreichte – und hatte bestanden!

Am 22. Juni, dem Tag der Prüfung, wohnten zur feierlichen Umrahmung meines Triumphes die Außenminister der beiden deutschen Staaten und der Siegermächte des Zweiten Weltkriegs dem Abtransport des Wachhäuschens am Checkpoint Charlie bei. Die Minister hielten sich wegen der Zwei-plus-Vier-Verhandlungen in Berlin auf. Da der Checkpoint Charlie unmittelbar neben dem Landeseinwohneramt lag, platzte ich direkt nach Prüfungsende in die Festlichkeiten. Ich badete im von meiner damaligen Freundin mitgebrachten Champagner und war selig!

Normalerweise braucht man für den Berliner Taxischein ein halbes bis dreiviertel Jahr, sagen die hiesigen Ausbildungsstätten. Ich konnte es selbst noch einige Zeit kaum glauben, was mir hier in ganzen vier Wochen gelungen war.

Nun gibt es kaum irgendwo einen Rekord, der nicht anderswo noch getoppt werden würde. Im Vergleich zu

London ist auch die Berliner Ortskenntnisprüfung recht überschaubar. In der britischen Hauptstadt müssen die Kandidaten jede einzelne der 25 000 Straßen kennen und außerdem 320 Standardrouten im Kopf haben. Die härteste Taxiprüfung der Welt, »the knowledge« genannt, erfordert in der Regel drei Jahre an Vorbereitung.

Wie bereits erwähnt, gehörte ich zu den letzten, die lediglich Westberlin als Prüfungsthema hatten, durch die Vereinigung der beiden Stadthälften sollte sich dies bald ändern. Ab der Währungsunion am 1. Juli 1990 war ganz Berlin Prüfungsgegenstand. Da die alten Hasen aber jeweils nur ihre Stadthälfte kannten, blieben die Kollegen aus Ost und West in den ersten Jahren meist unter sich und trauten sich wegen mangelnder Ortskenntnis nur ungern in die andere Hälfte der Stadt. Ich für meinen Teil stürzte mich sofort mit Freuden auf Ostberlin, für mich war es einfach aufregend, die geteilte Stadt zu erkunden. Außerdem dachte ich mir, je schneller ich Ostberlin beherrsche, umso besser. Und nach einigen Monaten war es mir genauso vertraut wie der Westteil.

Die Zeit nach der Wende war natürlich ziemlich aufregend. Ich selbst fuhr einmal als Fahrgast in einem Trabant-Schwarztaxi von Ostberlin nach Steglitz über den gerade geöffneten Grenzübergang Potsdamer Platz. Ein großes Hallo gab es, als nach der Währungsunion die ersten Ostberliner Kollegen am Flughafen Tegel Aufstellung nahmen – mit ihren alten Wolga-Limousinen, im Kofferraum einen Gastank so groß wie ein Bierfass.

Am ersten Tag nach meiner bestandenen Prüfung fuhr ich dann auch schon meine erste Schicht. Ich wollte sofort loslegen und hatte auch keine Bange, schließlich war es bereits meine dritte Station als Taxifahrer nach Darmstadt und Frankfurt. Somit war ich auch kein richtiger Neuling, und ich hatte auch keine Berührungsängste mit meiner neuen Wirkungsstätte.

Und doch konnte ich eine gewisse nervöse Vorfreude nicht abschütteln. Schon in meinen beiden Vorgängerstädten war das Warten auf den ersten Fahrgast ähnlich aufregend gewesen wie für Kinder das Warten auf das Christkind. Damals, als Frischling in Darmstadt, war ich erst mal drei Stunden bei einem Kollegen mitgefahren. Dort standen wir vor einer US-Kaserne und warteten auf GIs, die in eine der etwas weiter weg gelegenen anderen Kasernen wollten. Ich hatte schnell alles begriffen – es war ja auch nicht schwer.

Beim Wechsel nach Frankfurt wollte ich beim ersten Mal auf Nummer sicher gehen und stellte mich am Flughafen an. Von hier aus würde ich alles finden, dachte ich. Die Fahrt mit dem ersten Gast zum Hauptbahnhof verlief auch ganz unproblematisch, nur dass es dreieinhalb Stunden gedauert hatte, bis dieser bei mir einstieg – es war nämlich ein Feiertag und am Flughafen tote Hose.

In Berlin war der Beginn leider gar nicht prickelnd. Ich postierte mich am Anhalter Bahnhof und ging im Geiste alle möglichen Strecken durch, welche mein erster Fahrgast nehmen könnte. Schließlich war es ganz banal, eine Dame stieg ein und wollte zum Kaufhaus des

Westens. Ich bekam nur leider vor lauter Aufregung einen Blackout und verwechselte die Budapester mit der Tauentzienstraße. Die Dame wurde ungehalten, und ich entschuldigte mich mehrmals für den kleinen Umweg, den wir deshalb nehmen mussten. Zum Ausgleich verlief der Rest des Tages reibungslos.

Als ich 2002 wieder nach Frankfurt zurückging und dort meine erste Schicht begann, war das gar nicht so einfach, wie man annehmen möchte. Ich fuhr die ganze Zeit am Anlagenring entlang und lehnte einen Funkauftrag nach dem anderen ab. Das Problem ist nämlich: Wenn man viele Jahre in einer Stadt fährt, brennt sich der Stadtplan genauestens in die Hirnwindungen ein, der alte wird dabei überschrieben. Ich musste das Frankfurter Straßennetz erst mühsam wieder an die Oberfläche zurückholen. Irgendwann am ersten Tag meldete sich mein Chef: »Hier habe ich was speziell für dich: einen Blumenstrauß abholen und zu einer Adresse bringen.« Erleichtert erledigte ich den Auftrag, hier konnte nichts passieren, weil ein Blumenstrauß ja nicht meckern kann.

Bei meiner Rückkehr nach Berlin 2008 und somit meinem fünften Neubeginn verlief alles völlig unspektakulär. In Neukölln winkte mir ein schäbig aussehendes altes Ehepaar und wollte einen halben Kilometer weiter zur Sparkasse: Ich fühlte mich sofort wieder zu Hause. Natürlich war auch einiges im hintersten Winkel meines Gehirns vergraben und musste erst wieder ausgegraben werden. Glücklicherweise gibt es seit einiger Zeit die

Navigationssysteme. Von solch einem Teil machte ich am Anfang auch rege Gebrauch, aber bereits nach einer Woche benutzte ich es kaum noch: Ich war wieder angekommen!

Und doch: In den sechs Jahren meiner Abwesenheit hatte sich so einiges verändert in der Hauptstadt. Eine komplett neue Autobahn, eine neue Spreebrücke, der Tiergartentunnel, der Hauptbahnhof, jede Menge neue Hotels, Krankenhäuser mit neuen Namen – all das musste erst mal verdaut werden. Heute fühle ich mich in Berlin wohler denn je, und ich wage zu behaupten, dass ich es kenne wie meine Westentasche. Das Navigationssystem benutze ich lediglich für Fahrten in entlegene Bezirke oder ins Umland.

Eine Hassliebe: der Fahrer und sein Auto

Viele Jahrzehnte lang war der Mercedes die allererste Wahl für den Taxiunternehmer und auch für die Fahrer. Er galt als unverwüstlich, und der relativ hohe Einstandspreis wurde durch geringe Ausfallzeiten und eine lange Lebensdauer wieder wettgemacht. Solch ein Mercedes war allerdings manchmal eine halbe Ewigkeit im Einsatz. Der Rekordhalter, ein griechischer Taxifahrer, der mit seinem 240D von 1981 bis 2003 4,6 Millionen Kilometer gefahren ist, hat den Wagen dem Daimler-Benz-Museum gestiftet. Berlins ältestes Taxi, ebenfalls ein Mercedes, ist Baujahr 1964 mit immerhin 940 000 Kilometern auf dem Buckel.

In den letzten Jahren bekam das Mercedes-Bild beim Taxigewerbe aber doch arge Kratzer. Die Kinderkrankheiten der neuen Modelle traten immer gehäufter auf. Die Taxifahrer, stets die ersten, die ein neues Modell kaufen, fühlten sich als Versuchskaninchen missbraucht. Hinzu kam, dass durch die zunehmende Verwendung elektronischer Bauteile die Wagen nicht mehr selbst oder in der Stammwerkstatt instand gesetzt werden konnten, sondern nur noch in der teuren Mercedes-Vertragswerkstatt.

Die Taxibetriebe begannen, sich von Mercedes abzuwenden, und investierten zunehmend in andere Modelle wie zum Beispiel den geräumigen VW Touran oder den praktischen und preisgünstigeren Opel Zafira. In Frankfurt warfen gleich mehrere Großbetriebe auf einen Schlag ihre Mercedes-Taxis hinaus, insgesamt an die einhundert Fahrzeuge.

Da verwundert es nicht, dass in Frankfurt der Anteil der Mercedes-Fahrzeuge an der gesamten Taxiflotte nur noch knapp über 50 % beträgt. Etwas anders sieht es in Berlin aus, hier stellt Mercedes noch gefühlte 80 bis 90 % aller Taxis. Der Grund für die anscheinend unerschütterliche Treue der Berliner Taxikutscher zur Marke mit dem Stern hat sich mir bis jetzt noch nicht erschlossen, zumal die Umsätze in Berlin deutlich niedriger sind und sich die Autos somit erst viel später amortisieren.

Ich selbst jedenfalls habe schon länger keinen Mercedes als Taxi mehr, und ich muss feststellen: Es schläft sich ruhiger. Zumal ich keinen Fahrer beschäftige, das Taxi also ganz alleine fahre. Und auch alleine für alle Ausgaben, inklusive des Autokaufs, aufkommen muss. Bei einem Mercedes-Taxi im Wert von 30 000 bis 40 000 Euro hat man Darlehensraten, die mir angesichts der mickrigen Einnahmen den Angstschweiß ins Gesicht treiben würden.

Ich selbst habe bis 1999 Taxis der Marke Mercedes besessen, zuletzt nur noch eine C-Klasse. In Frankfurt als angestellter Fahrer von 2002 bis 2008 saß ich in VW Tourans und Opel Zafiras herum. Bei der Rückkehr nach Berlin 2008 und der erneuten Selbständigkeit rüstete ich meinen Renault-Mégane-Kombi als Taxi um und war mit diesem Auto noch fast eineinhalb Jahre lang unterwegs. Dieses Jahr trieb ich es auf die Spitze und kaufte mir einen nagelneuen Dacia Logan MCV, einen Kompakt-Van. Das Preiswunder aus Rumänien macht seine Sache sehr gut bis jetzt!

Der technische Standard ist heutzutage bei den gängigen Marken sowieso ziemlich hoch, auch optisch machen viele Modelle durchaus etwas her. Sicher: In den achtziger Jahren war Mercedes seinen billigeren Konkurrenten noch meilenweit voraus. Aber die Zeiten haben sich geändert, man muss sich mit keiner Automarke mehr schämen.

Ist man nun bei den Aufträgen benachteiligt, wenn man wie ich mit einem Dacia statt einem Mercedes am Taxistand steht? Lassen die Kunden einen links liegen und steigen beim nächsten Wagen mit dem Stern ein? Mitnichten. In den letzten zwei Jahren, seit ich zunächst mit meinem Renault und dann mit dem Dacia in Berlin fahre, ist genau ein einziger Fahrgast an mir vorbeigegangen, um den Daimler hinter mir zu besteigen, geschehen am Axel-Springer-Verlag in Kreuzberg. Und dies geschah auch noch zu meinem Vorteil. Da ich rauchenderweise draußen stand, bekam ich mit, dass der Verschmäher meiner Dienste lediglich zum Hauptbahnhof wollte. Kaum war der Kollege weg, da nahte auch schon ein neuer Fahrgast: »Zum Flughafen Schönefeld, bitte.«

Dass bei der Kundenzufriedenheit die Automarke kaum eine Rolle spielt, wurde bei einer Erhebung der Stadt Köln bezüglich der Dienstleistung »Taxi« im Jahr 2008 deutlich. Hier wurde unter anderem die Frage gestellt: »Welche Erwartungen haben Sie prinzipiell an ein Taxi?«

Die Ergebnisse: 60 % der Fahrgäste war die Sauberkeit des Fahrzeugs wichtig, sogar 67 % der Geruch im Inneren des Wagens. Knapp 50 % der Befragten gaben an, für sie sei eine angenehme Temperatur wichtig sowie die Möglichkeit der Gepäckaufnahme. Die Ausstattung des Fahrzeuges spielte für lediglich 41 % der Befragten eine sehr wichtige Rolle.

Besondere Schrullen bei der Wahl des Fahrzeugs gab es wohl schon immer. In den achtziger Jahren fuhr in Frankfurt ein Mercedes 600 herum, und zwar das Modell mit den sechs Türen. Auch heutzutage sieht man immer noch einige S-Klasse-Taxis herumfahren. Hierbei kann es sich nur um ein kostspieliges Hobby des Fahrers handeln, denn eigentlich kann sich bei unserem Verdienst kein Taxifahrer das wirklich leisten. Und man will ja nicht nur für sein Auto arbeiten.

Aber ich kenne auch komplett gegenteilige Fälle. In Frankfurt gibt es einen Kutscher, der seit vielen Jahren mit einem VW Golf als Taxi herumfährt. Und in Berlin treffe ich häufig auf einen Kollegen, der einen kleinen Lada besitzt. In beiden Fällen ist der Wagen bei mehreren Fahrgästen mit Gepäck klar unterdimensioniert, doch am Bahnhof, wo sich beide stets aufhalten, stehen ja immer genug andere Kollegen mit größeren Autos herum.

Letztlich muss man wirklich sagen, es kann dem Fahrgast egal sein, womit er kutschiert wird, zumindest was die Automarke betrifft. Egal, für welches Fahrzeug ich mich als Taxiunternehmer entscheide, der Fahrgast zahlt dasselbe, ob ich nun in einem Rolls-Royce vorgefahren komme oder in einem Golf. Viel wichtiger sind der Service und natürlich die Sauberkeit und Sicherheit des Autos.

Anschnallen im Taxi?

Apropos Sicherheit: Selbstverständlich muss sich jeder Fahrgast im Taxi genauso anschnallen wie in jedem anderen Auto. Der Fahrer hat den Kunden allerdings darauf hinzuweisen, und zwar durch ein gut sichtbares, im Fahrzeug angebrachtes Schild. Bei einem Verkehrsunfall kann dem Kunden eine Mitschuld und somit auch eine Haftung angelastet werden, wenn er nicht angeschnallt war.
Der Taxifahrer ist während des Transports von Fahrgästen von der Anschnallpflicht befreit, um sich im Falle eines Raubdeliktes oder bei aggressiven Fahrgästen besser zur Wehr setzen zu können (»Überfall-Klausel«). Wenn der Fahrer alleine im Taxi sitzt, hat er sich aber stets anzugurten.

Es gibt nur einen Fall, in dem der Kunde mehr für ein bestimmtes Taxi bezahlen muss, und zwar, wenn er ein Großraumtaxi bestellt. Diese Fahrzeuge, entweder VW Transporter oder Mercedes Vito, öfter auch VW Touran oder Opel Zafira, können mehr als vier Fahrgäste transportieren, und hier wird ab der fünften Person ein in den verschiedenen Städten höchst unterschiedlicher Zuschlag kassiert. Am höchsten ist er in Mönchengladbach mit 12,30 Euro, in Frankfurt am Main beträgt er 5,10 Euro, und in Berlin muss ab der fünften Person 1,50 Euro pro Kopf mehr bezahlt werden.

Wenn man einen solchen »Großräumer« fährt, kann es auch schon mal vorkommen, dass die Fahrgäste einfach vorbeilaufen und in das nächste Taxi einsteigen. Viele wollen, wenn sie allein unterwegs sind, nicht gerne »in einem Bus sitzen«, das muss der Fahrer eines solchen Wagens dann eben akzeptieren.

Bedingt durch die stetig sinkenden Umsätze, wurden in den letzten Jahren auch die Autos immer älter. Gerade wenn man einen Mercedes hat, wird wirklich das Letzte aus dem Fahrzeug herausgeholt, bevor man sich einen neuen zulegt. Man sagt zwar immer, eine halbe Million Kilometer seien für einen Daimler-Motor gar nichts, was ja durchaus stimmen mag. Aber ein Taxi hat eben auch noch ein paar andere Teile, und diese leiden mit zunehmendem Alter ganz schön.

So empfand ich den Sitz einer über zehn Jahre alten E-Klasse, die ich einmal ersatzweise fahren musste, als den reinsten Foltersitz, und mir – für den Rückenschmerzen normalerweise ein Fremdwort ist – tat nach Feierabend alles weh. Auch mein Lieblingskollege Olaf fährt einen hochbetagten Mercedes, der so lange »orgelt«, bis er endlich anspringt, dass man jedes Mal denkt, jetzt hat aber sein letztes Stündlein geschlagen. Olafs Chef hat kein Geld für neue Autos und reizt die vorhandenen Oldtimer, die eigentlich längst schon woanders ihr verdientes Gnadenbrot genießen sollten, unerbittlich bis zum Letzten aus.

Obwohl seit dem 1. Januar 2010 die Einfahrt in das Berliner Zentrum nur noch mit grüner Umweltplakette gestattet ist, steht am Hauptbahnhof immer noch ein Kollege todesmutig mit seiner roten Plakette herum. Sicher, für die Umrüstung ist kein Geld vorhanden, oder sie ist gar nicht mehr möglich – da wird eben das Bußgeld in Kauf genommen.

Einige einfallsreiche und kreative Taxifahrer machen aus ihrem Taxi eine einmalige Show, in der Hoffnung, mit solch einem »Alleinstellungsmerkmal« noch mehr Fahrgäste anzuziehen.

So fährt in Münster das wohl einzige Karaoke-Taxi Deutschlands herum, ausgerüstet mit einer waschechten Karaoke-Anlage. In seiner Anlage hat der Fahrer Lieder für jeden Musikgeschmack, und mittlerweile hat er sich bereits eine »Stammsingerschaft« herangezogen. Zusätzlich kann man sich bei ihm sogar noch Filme anschauen.

In Düsseldorf kreuzt der »Taxirapper« durch die Straßen. Der gebürtige Tunesier rappt seine eigenen Texte, mal Lustiges, mal Nachdenkliches ergießt sich über seine Fahrgäste, natürlich nur, wenn diese etwas hören wollen. Er hat schon eine ganze Reihe von Fans in der Düsseldorfer Clubszene. Der Taxirapper arbeitet derzeit sogar an seinem zweiten Album, das allerdings nur in Tunesien erscheint, und betreibt außerdem noch einen Blog.

Brotlos, aber keine Kunst: die Lohnabrechnung

Vom Taxifahren wird man nicht reich, das wissen Sie nach den vorangegangenen Kapiteln, wenn Sie es nicht schon vorher wussten. Richtig gut verdient man nur einmal im Jahr: in der Silvesternacht. Ich selbst bin aber schon viele Jahre nicht mehr zum Jahreswechsel gefahren, teils, weil ich ja schon lange Tagfahrer bin, auf der anderen Seite aber auch aus einer gewissen Trotzreaktion heraus. Wenn es das ganze Jahr über bescheiden läuft, dann reißt mich dieser eine Tag auch nicht mehr heraus, dann feiere ich lieber selbst. Und wer einmal in Berlin an Silvester ab Mitternacht mit dem Wagen durch die Straßen gefahren ist, wird verstehen, warum ich darauf keine Lust habe.

Als ich angefangen habe mit dem Taxifahren, Anfang der Achtziger, haben die älteren Kollegen mir vorgeschwärmt, wie toll es Ende der Sechziger doch noch gelaufen sei: Fahrgäste ohne Ende und stets volle Taschen.

Als ich 2002 zurück nach Frankfurt kam, nachdem es in Berlin nach den ersten beiden Jahren der Einheit taximäßig immer weiter bergab gegangen war, war gerade die Internetblase an den Börsen geplatzt. So musste ich mir von den anderen Taxifahrern anhören, wie super es in den letzten Jahren gelaufen sei, wie die Banker bis zum Anschlag Taxi gefahren seien und in unserer Funkzentrale Donnerstag und Freitag hundert Taxivorbestellungen zum Flughafen aufliefen.

Der Chef der Zentrale erzählte mir, dass sie in diesen Jahren kaum Taxifahrer zur Mitarbeit in der Zentrale gewinnen konnten (was aus Ortskenntnisgründen gewünscht war), weil sie dort nur 10 Euro pro Stunde zahlen konnten. Was für die Fahrer in diesen Zeiten nicht mehr als ein Trinkgeld war, für das sie nie und nimmer den Bock verlassen hätten.

Man kann also sagen, ich kam immer zu spät, wenn es einmal etwas zu verdienen gab – getreu dem Spruch: »Wo ich bin, klappt nichts, aber ich kann ja nicht überall sein.«

Doch Spaß beiseite. Ein angestellter Fahrer erhält in der Regel nur eine reine Umsatzbeteiligung und keinen Stundenlohn, lediglich in kleinen Städten und auf dem Land ist das manchmal anders. Diese beträgt je nach Lohnabrechnungsmodell (handelt es sich zum Beispiel um einen Festfahrer oder um einen Studenten) etwa 30 bis 40 Prozent des Umsatzes als Nettolohn. Hinzu kommt noch das Trinkgeld, welches nach meiner Erfahrung 5 bis 10 Prozent des Umsatzes beträgt.

Übertragen auf die momentanen Berliner Verhältnisse bedeutet das: Nach 10 Stunden Tagschicht hat man manchmal bloß 110 Euro Umsatz plus 6 Euro Trinkgeld für sich herausgeholt. Das ergibt einen Tagesverdienst von 39 bis 45 Euro netto, also einen Stundenlohn von 3,90 bis 4,50 Euro – wahrhaft prekär! Andererseits hat man am Wochenende nachts manchmal 300 Euro

Umsatz und 30 Euro Trinkgeld, was einen Tagesverdienst von 120 bis 150 Euro bedeutet oder, anders ausgedrückt, einen Stundenlohn von 12 bis 15 Euro, was schon erheblich besser klingt. Zwischen diesen beiden Extremen bewegt sich das Taxifahrer-Dasein im Normalfall, wobei sich die Waagschale des Schicksals meistens eher in Richtung des Hungerlohnes neigt.

Bei der Diskussion der Ursachen hört man von Fahrgästen und Kollegen meist den stereotypen Satz: »Es gibt eben zu viele Taxis in Berlin.«

Ist das wirklich so? Eine ganz gute Maßzahl ist die sogenannte Taxi-Dichte, die Anzahl der Taxis pro 1000 Einwohner. Da sieht es in Deutschland folgendermaßen aus:

München: 2,62
Frankfurt: 2,58
Berlin: 2,04
Hamburg: 1,91

Noch einige Vergleichszahlen aus Europa:

Dublin: 24,00
London: 3,02
Paris: 2,50

München hat die höchste Taxidichte in Deutschland, Frankfurt kommt an zweiter Stelle, Berlin ist erst auf Platz drei. In Berlin gibt es also keineswegs zu viele

Taxis, obwohl die absolute Zahl von 7000 Fahrzeugen natürlich etwas Schwindel in den Ohren erzeugt. Auch in den anderen genannten Städten ist die Taxidichte noch erträglich, außer im Falle von Dublin. Hier führte eine gescheiterte Deregulierung zum explosionsartigen Anstieg der Droschken mit wahrhaft existenzbedrohenden Ausmaßen und einer Selbstmordwelle unter den Taxifahrern. Wenn es irgendwo zu viele Taxis gibt, dann dort.

Nein, ich denke, dass Taxifahren schlicht und einfach zu teuer ist. Mit schöner Regelmäßigkeit werden jedes Jahr die Tarife angehoben, einträchtig beschlossen von den beiden großen Taxiverbänden und der Senatsverwaltung. Dieses Jahr ergab eine Presse-Umfrage immerhin, dass über die Hälfte der Fahrer sich gegen eine Tariferhöhung ausgesprochen hat. Die Umsätze dagegen sinken dessen ungeachtet, oder die Preiserhöhung geht zu Lasten des Trinkgeldes.

Ein gutes Beispiel ist die Strecke vom Axel-Springer-Verlag zum Hauptbahnhof in Berlin, eine meiner Standardstrecken, welche ich durchaus mehrmals am Tag fahre. Vor der Tariferhöhung im Juli kostete die Fahrt 9 Euro. Ich bekam so gut wie immer 10 Euro, also einen Euro Trinkgeld. Nach der Erhöhung kostete die Tour 9,40 Euro – aber ich bekomme immer noch meist 10 Euro, inklusive Trinkgeld. Nominell zwar der gleiche Betrag, aber der einkommen- und umsatzsteuerpflichtige Anteil hat sich um 40 Cent erhöht. Damit ist die Tariferhöhung nichts anderes als eine Luftnummer, denn von der Fahrt bleibt einem nun weniger in der Tasche als vorher.

Die ständigen Tariferhöhungen bedeuten, dass die immer weniger werdenden Fahrgäste immer höhere Preise bezahlen sollen. Ich kann daran leider beim besten Willen kein kaufmännisches Konzept erkennen. Man stelle sich nur einmal vor, ein Bäcker würde so mit seinen Brötchen verfahren – was macht dieser stattdessen? Eben!

Als ich beim Schreiben dieses Kapitels in alten Unterlagen gekramt habe, fand ich heraus, dass ich im Jahr 1991 innerhalb von sieben bis neun Stunden so gut wie immer meine 300 DM inklusive Trinkgelder zusammenhatte. Rechnet man den Betrag in Euro um, kann ich davon heute nur träumen. Ich habe eigentlich unterm Strich weniger in der Kasse als damals. Wie viele Tariferhöhungen gab es eigentlich in den letzten 18 Jahren?

Irgendetwas läuft doch hier grundlegend falsch, das widerspricht einfach allen Gesetzen der Marktwirtschaft. Mir fällt das Beispiel Singapur ein, das insgesamt ein ähnliches Lohn- und Preisniveau hat wie Deutschland, wo aber eine Taxifahrt nur etwa die Hälfte kostet. Das Resultat: Überall stehen Fahrgäste herum, die Taxistände sind meistens leer, ein Umstand, wie er früher in der DDR zu beobachten war.

Wäre es nicht mal einen Versuch wert, über, sagen wir, zwei bis drei Monate lang den Fahrpreis einfach zu halbieren? Dazu müsste nicht mal das Taxameter umgestellt werden, eine Sondergenehmigung der Ordnungsbehörde würde genügen. Man kassiert einfach die Hälfte von dem, was das Taxameter anzeigt. Diverse Restaurants in Berlin machen dieses Modell schon jahrelang erfolgreich vor. Ich würde darauf wetten, dass auf diese Weise mehr als nur die doppelte Anzahl von Fahrgästen zusammenkäme.

Für einen selbständigen Taxiunternehmer wie mich ist die Situation indes nicht ganz so angespannt, weil man es selbst in der Hand hat, seine Kosten niedrig zu halten. Aus diesem Grund fahre ich zum Beispiel keinen Mercedes mehr, dessen Finanzierung mich einen ganzen Wochenumsatz kosten würde.

Ferner muss sich das Taxigewerbe, was es auch bereits schon tut, dringend um die Erschließung neuer Marktsegmente kümmern. In einigen Städten, zum Beispiel auch in Frankfurt, übernehmen Taxis zum Beispiel den Schienenersatzverkehr für die örtlichen Verkehrsbetriebe. Und ein süddeutsches Unternehmen plant, eine Taxi-Flat-Chipkarte für ganz Deutschland einzuführen, was das Taxifahren preislich wieder attraktiver machen würde.

Ich für meinen Teil versuche, optimistisch zu bleiben, was die Zukunft anbetrifft. Ich werde auch weiterhin mit meinem Taxi durch die Straßen fahren, um mein täglich Brot zu verdienen, dazu genieße ich die Freiheiten, die dieser Job eben auch mit sich bringt, viel zu sehr. Man kann eben nicht alles haben im Leben!

Tatort Taxi: Taxiräuber sind bekannt, aber auch kriminelle Kutscher?

Dass Taxifahrer ziemlich gefährlich leben, ist bekannt. Die bittere Wahrheit: Seit 1985 wurden 80 Taxifahrer und Taxifahrerinnen ermordet und 8 260 bei Überfällen und Tätlichkeiten verletzt.

Dass ich mittlerweile nur noch tagsüber fahre, erhöht meine Lebenserwartung zum Glück enorm, weil der Löwenanteil der Taxiüberfälle spätabends beziehungsweise nachts stattfindet. Obwohl ich schon seit 25 Jahren auf dem Bock sitze, ist mir noch nie etwas passiert, allerhand mitbekommen habe ich natürlich trotzdem.

Einmal wurde ein Kollege aus meinem damaligen Betrieb in Frankfurt überfallen. Die Täter, zwei Frauen und ein Mann, alle Anfang zwanzig, ließen sich zunächst nach Butzbach fahren, etwa 50 Kilometer weit, dann hielten sie dem Kollegen plötzlich drei Messer an den Hals. Sie raubten sein Bargeld, etwa 200 Euro, wobei sie seine Geldbörse umdrehten, so dass glücklicherweise alle Ausweispapiere auf dem Boden landeten. Außerdem nahmen sie noch sein Handy mit.

Die Angelegenheit verlief also noch einigermaßen glimpflich. Der Kollege wurde von einem unserer Taxis abgeholt, da die Polizei seinen Wagen zwecks Spurensicherung beschlagnahmte.

Ich erinnere mich lediglich an ein einziges Mal, als ich fast bestohlen wurde. Eine Frau und vier halbwüchsige Kinder stiegen bei mir ein. Sie wollten zu einer Adresse in einem sozialen Brennpunkt. Am Fahrtziel angekommen, gab es ein großes Gewusel und Durcheinander – um mich abzulenken, wie ich heute weiß –, und als alle im Haus verschwunden waren, stellte ich fest, dass meine Geldbörse, die ich immer gewohnheitsmäßig in die Ablage der Fahrertür stecke, weg war.

Glücklicherweise hatte ich mitbekommen, in welche Wohnung sie gegangen waren, also eilte ich dorthin und klingelte wütend. Überraschend war, was dann geschah: Die Haustür öffnete sich, und ein Mann trat heraus – mit meiner Geldbörse! Er entschuldigte sich wortreich für seine Kinder und übergab sie mir wieder. Es fehlte nichts, also ließ ich es dabei bewenden.

Ansonsten hatte ich wohl auch ein geradezu unverschämtes Glück in heiklen Situationen. Oft steigt ein Fahrgast ein, der mir schon vorher verkündet, er habe kein Geld mehr dabei und müsse es zu Hause holen (gut!), manchmal erfahre ich das aber erst vor der Haustür (weniger gut!). In diesem Fall muss meine Menschenkenntnis entscheiden, ob ich in meinem Taxi vertrauensvoll warte, bis er mit dem Geld zurückkommt, ihm ein Pfand abnehme (zum Beispiel das Handy), um seine Rückkehr zu garantieren, oder ihn gar mangels Pfand bis an seine Tür begleite.

Ich muss sagen, obwohl ich mich wahrscheinlich viel zu oft für die erste Variante entscheide, sind bei mir bis auf ein einziges Mal alle wieder zurückgekommen und haben bezahlt. Es gibt also doch noch ehrliche Menschen.

Viel weniger bekannt sind allerdings die umgekehrten Fälle, nämlich diejenigen, bei denen der Taxifahrer der Täter ist. Auch wenn ich befürchten muss, dass Sie nach der Lektüre nie wieder in ein Taxi steigen: Kleiner Überblick gefällig?

Ein junger Mann steigt am Bochumer Hauptbahnhof in ein Taxi und will sich nach Herne bringen lassen. Schon während der Fahrt bemerkt er, dass die Fahrt ungewöhnlich lange dauert und ihm auch die Strecke unbekannt vorkommt. In Herne angekommen, verlangt der plötzlich 40 Euro für die Fahrt – viel mehr, als vorher vereinbart wurde.

Im Verlauf des anschließenden Streitgespräches zieht der Fahrer den Schüler aus dem Taxi und schlägt auf ihn ein. Als der 19-Jährige am Boden liegt, stiehlt der räuberische Kutscher dessen Bargeld und das Handy und ergreift die Flucht.

Leider wurde der Fahrer nie identifiziert.

Ein 46-jähriger Leipziger ließ sich in München mit dem Taxi zum Flughafen bringen. Dafür sollte er 64,20 Euro bezahlen, hatte aber nur noch 60 Euro dabei. Als der Taxifahrer das hörte, rastete er aus, beschimpfte seinen Fahrgast und nahm ihm neben seinem Handy alle Ausweise sowie seinen Schlüssel und sämtliche Kleidungsstücke einschließlich der Unterhose ab.

Eine Putzkolonne half ihm dann, sich aus Müllsäcken einen Rock zu basteln, bis die Polizei ihn erlöste.

Ein anderes Mal wurde eine Kölner Kneipenwirtin brutal aus dem Wagen gezerrt und in eine Parklücke geworfen. Sie wollte nach der Arbeit nach Hause und hatte ein Taxi auf der Straße angehalten. Da der Fahrer mit überhöhter Geschwindigkeit durch die Straßen raste, hatte sie diesen bereits nach kurzer Zeit gebeten anzuhalten. Sekunden später spurtete der Fahrer auf die Beifahrerseite und riss die Wirtin aus dem Auto. Als sie am Boden lag, sammelte der Mann das aus der Geldbörse gefallene Kleingeld auf und verschwand. Sie erstattete Anzeige wegen Körperverletzung. Ein Großstadt-Rambo des Kalibers »gemeingefährlich«. Man hofft nur, er wurde gefunden und aus dem Verkehr gezogen.

Ein 51-jähriger Wiener Taxifahrer wurde festgenommen, da er mehrere Fahrgäste betäubt und beraubt haben soll. Die Opfer waren vorwiegend ältere Menschen. Er hatte in seinem Taxi mit Betäubungsmittel versetzte Erfrischungsgetränke angeboten. Als die Fahrgäste einschliefen, nahm er ihnen alle Wertsachen ab. Die Opfer ließ er später an der Zieladresse in einem hilflosen Zustand zurück.

Liebe ältere Fahrgäste, habt ihr nicht schon euren Kindern beigebracht, nichts von Fremden anzunehmen?

An einer Frankfurter Tankstelle kam es zum Streit zwischen einem Taxifahrer und seinen Fahrgästen. Der Fahrer beschuldigte einen von ihnen, beim Öffnen der Wagentür seinen Außenspiegel beschädigt zu haben. Als Entschädigung verlangte der Taxifahrer Bargeld. Als die Fahrgäste die Polizei verständigen wollten, versuchte der Taxifahrer, sich aus dem Staub zu machen.

Einer der Fahrgäste stellte sich ihm jedoch in den Weg. Der Taxifahrer beschimpfte ihn und fuhr schließlich mit dem Mann auf der Motorhaube von der Tankstelle auf die Straße. An einer Ampel zog er dann eine Pistole und richtete sie auf sein Opfer.

Bewaffneter Gewalttäter mit Betrugsabsichten – eine hochbrisante Mischung, die in diesem Fall aber noch glimpflich ausging, weil das Opfer daraufhin das Weite suchte.

Doch manchmal wird der Taxichauffeur auch völlig zu Unrecht verdächtigt, mit fatalen Folgen für den Fahrgast.

Weil sie Angst vor der unbekannten Gestalt vor ihrer Haustür hatte, verpasste eine 66 Jahre alte Braunschweigerin ihren Flug in den Urlaub. Die verängstigte Seniorin hatte die Polizei alarmiert, weil über längere Zeit jemand bei ihr sturmgeklingelt hatte.

Es stellte sich dann heraus, dass es sich hierbei um den Taxifahrer handelte, den die Frau selber bestellt hatte. Anscheinend hatte sie ihre Urlaubsreise völlig vergessen. Ihren Flieger erreichte sie dann auch nicht mehr.

Abschied von der Soziologe: ein Schlusswort

Wenn Sie bei der Lektüre der Kapitel über die betrügerischen und kriminellen Kollegen erwogen haben sollten, doch lieber in kein Taxi mehr zu steigen, so sei Ihnen versichert: Diese Fahrer stellen eine absolute Minderheit dar; der allergrößte Teil meiner Kollegen wird Sie freundlich, kompetent und korrekt bedienen, und zwar sowohl in Frankfurt als auch in Berlin als auch im Rest Deutschlands.

Verglichen mit den ungefähr 150 000 Taxibeförderungen, die beispielsweise jeden Tag in Berlin durchgeführt werden, ist die Anzahl der Beschwerden verschwindend gering. Nur ist leider die Beschreibung von korrekt arbeitenden und höflichen Taxifahrern eine höchst langweilige Angelegenheit. Um sein Gegenüber zu unterhalten, erzählt man auch nicht immer die alltäglichste Geschichte, sondern eher das, was außergewöhnlich oder speziell war. Das allein ist der Grund, warum Sie in diesem Buch überdurchschnittlich oft mit der »dunklen« Seite des Taxiberufs konfrontiert wurden.

Und so gerne ich diesen Anspruch auch gehabt hätte: Mir war von Beginn an klar, dass sich wohl keiner meiner Leser nach der Lektüre ebenfalls zum Taxifahrer berufen fühlen würde. Schon gar kein Student. Wenn ich allein daran denke, was sich an den Rahmenbedingungen alles geändert hat, verstehe ich es auch ein bisschen.

Zu meiner Zeit, als ich noch Student der Soziologie war, waren die meisten Geisteswissenschaften locker als »DiMiDo«-Studium zu absolvieren, das heißt, montags und freitags fanden so gut wie keine Veranstaltungen statt, was meinem Taxifahrer-Job sehr entgegenkam. Ich kam finanziell sehr gut über die Runden und bereiste in den Semesterferien ganz Europa, die USA und Nordafrika.

Aber neben der Geschwindigkeit und der Gewissenhaftigkeit, mit der ein Studium heutzutage durchgezogen wird, verspüren die Studenten des neuen Jahrtausends wohl auch einen deutlich größeren Leistungsdruck. Damals hatte kaum jemand eine Vorstellung davon, was er nach dem Studium einmal machen wollte, man ließ es einfach auf sich zukommen.

Ich hatte damals auch das Glück, in Darmstadt zu studieren. Also keine Massenveranstaltungen und überfüllten Hörsäle, sondern kleine Seminare mit zehn bis fünfzehn Kommilitonen im behaglichen Ambiente des alten Residenzschlosses.

Das Studium zog sich dann auch dementsprechend hin. Mein Vordiplom legte ich, glaube ich, im sechsten Semester ab. Damals, vor immerhin 25 Jahren, beschäftigte ich mich übrigens mit dem bedingungslosen Grundeinkommen, ein zu dieser Zeit höchst exotisches Thema, das heute bereits größere Bereiche der Politik und der Gesellschaft erreicht hat. Taxi fuhr ich mittlerweile in

Frankfurt, weil die Umsätze in Darmstadt dann doch etwas mau waren.

Alles änderte sich, als ich 1986 eine kleine Erbschaft antrat. Der Chef des Betriebs, bei dem ich fuhr, besaß zwei Taxis und wollte sich vergrößern. So kaufte ich ein Taxi samt Konzession und stieg bei ihm ein. Der jetzt mittelgroße Taxibetrieb mit etwa zwanzig angestellten Fahrern forderte ziemlich viel von meiner Arbeitszeit und -kraft – ich fuhr ja auch immer noch meine Taxischichten –, dass nach einer gewissen Zeit an Studieren und Lernen nicht mehr zu denken war. Zunächst dauerte es noch einige Zeit, bis ich das wahrhaben wollte, erst 1988, zwei Jahre später, sah ich der Realität dann ins Auge und exmatrikulierte ich mich nach siebzehn Semestern.

Als die Mauer in Berlin fiel, wollte ich unbedingt hautnah an dem gesellschaftlichen Aufbruch teilnehmen, stieg aus dem Frankfurter Betrieb aus und fing in Berlin wieder neu an, mit einem Taxi und einem Fahrer für die Nachtschichten.

Jetzt war aus mir mittlerweile schon ein langjähriger Taxiunternehmer geworden, und die Soziologie geriet in Vergessenheit.

Ich trauerte ihr aber nicht wirklich nach. Die Perspektiven als Soziologe fand ich nicht sonderlich prickelnd. Mir fehlte sowohl das »Karriere-Gen« als auch die Bereitschaft, an irgendeinem Schreibtisch zu versauern.

Schließlich lernte ich meine jetzige Frau kennen, wir heirateten und bekamen 1997 unseren Sohn. Dieser ist jetzt alt genug, um seinen Vater zu fragen: »Papa, du bist doch so klug – warum bist du denn eigentlich nur Taxifahrer geworden?«

Dass es für mich vielleicht doch eine kluge Entscheidung gewesen ist, kann er noch nicht verstehen. Vielleicht später einmal, wenn er nach einem Studium, welches ihn nicht wirklich für eine anschließende berufliche Tätigkeit qualifiziert, als immerwährender Praktikant sein Leben fristet oder, schlimmer noch, als arbeitsloser Akademiker bei der Arbeitsagentur sitzt – was die Götter verhüten mögen!

Und man muss einfach sagen, dass der Job ein paar unschlagbare Vorteile hat – was ihn nach wie vor eigentlich zum idealen Studentenjob macht. Ein paar gibt es immer noch, die während ihres Studiums einsteigen und dann dabei hängenbleiben. Selbst fertige Akademiker wie Professoren, Lehrer und Dozenten landen manchmal aus den verschiedensten Gründen wieder im Taxi. Ein Großteil der Kollegen, die ich kenne, hat eine ähnliche Biographie. Hier vorschnell und generell von gescheiterten Existenzen zu sprechen, greift vielleicht etwas zu kurz. Seien Sie also hiermit gewarnt, liebe Studenten!

Ich jedenfalls mache meine Arbeit gerne, auch wenn die Tatsache, dass meine Einkünfte lediglich das Zweiteinkommen in unserer Familie darstellen, ungemein hilft. Aber welche Familie kann denn heutzutage überhaupt noch mit nur einem Einkommen überleben?

Also, fahren Sie bitte weiter Taxi und helfen Sie mit,

dass das zweitälteste Gewerbe der Welt eine Überlebenschance hat. Es hat es im Moment wirklich schwer, wie immer in Krisenzeiten.

Wenn Sie in Berlin wohnen oder einmal zu Gast in unserer Hauptstadt sind, dann fahren Sie doch mal mit mir! Sie können mich über meinen Blog (www.taxiblogger.de) buchen.

Ansonsten warte ich am Taxistand auf Sie. Ich würde mich freuen, Sie bald einmal begrüßen zu dürfen, wenn Sie durch die geöffnete Seitenscheibe fragen: »Sind Sie frei?«

Hülya Özkan

„Güle Güle Süperland!“

Eine Reise zu meiner schrecklich netten türkischen Familie

»Wir haben dir ein Opferlamm geschlachtet«, verkündet Hülya Özkans Mutter gerne am Telefon. Auch sonst bleiben die kleinen Eigenheiten ihrer türkischen Familie kaum verborgen – etwa wenn Tante Handans Heiratsinstitut aktiv wird, sich der gutgemeinte Reiseproviant als gefüllte Eingeweide entpuppt oder der Kaffeesatz mal wieder Erstaunliches zutage fördert. Nun hat Hülya Özkan sich auf eine Reise zu ihren türkischen Wurzeln begeben. Humorvoll, warmherzig und mit einem feinen Blick für die kleinen Unterschiede erzählt sie, was sie dabei erlebt hat und wie ihr nach nächtelangen Verwandtenbesuchen klarwurde, dass ihre schrecklich nette türkische Familie vor allem eins ist: einfach süper!

Knaur Taschenbuch Verlag

Brenda Stumpf

Bratkartoffeln für Tina Turner

Meine wilden Jahre als Backstage-Köchin

1983, das Zeitalter der Föhnwelle hatte gerade begonnen. Brenda Stumpf war 23 und bekam das Angebot, in der angesagten Bochumer »Zeche« als Köchin zu arbeiten. Nichts und niemand hätte sie vorbereiten können auf das, was sie dort erwartete: exzentrische Musiker mit Essenswünschen, die einem das Blut in den Adern gefrieren lassen. Massenschlägereien, bei denen sich die Ordner in ihrer Küche mit Eisenpfannen bewaffneten. Aber sie wurde versöhnt durch Begegnungen mit allem, was damals in der Musikwelt Rang und Namen hatte: von Tina Turner, Joe Cocker über Depeche Mode und Herbert Grönemeyer bis zu den Toten Hosen. In ihrem Buch nimmt sie uns mit auf eine wilde Zeitreise in die achtziger Jahre.

Knaur Taschenbuch Verlag